A pessoa do ministro

Pe. Jerônimo Gasques

A pessoa do ministro

O ministro extraordinário
da Sagrada Comunhão
na comunidade
eclesial missionária

Edições Loyola

Capa: Ronaldo Hideo Inoue
  Composição sobre detalhe da imagem
  de © Fabio Lotti. © Adobe Stock.
Diagramação: Desígnios Editoriais
Imagens do miolo: © Julius Schnorr von Carolsfeld

Edições Loyola Jesuítas
Rua 1822 nº 341 – Ipiranga
04216-000 São Paulo, SP
T 55 11 3385 8500/8501, 2063 4275
editorial@loyola.com.br
vendas@loyola.com.br
www.loyola.com.br

Todos os direitos reservados. Nenhuma parte desta obra pode ser reproduzida ou transmitida por qualquer forma e/ou quaisquer meios (eletrônico ou mecânico, incluindo fotocópia e gravação) ou arquivada em qualquer sistema ou banco de dados sem permissão escrita da Editora.

ISBN 978-65-5504-357-0

© EDIÇÕES LOYOLA, São Paulo, Brasil, 2024

109378

Nome do ministro:

_____

_____

Paróquia:

_____

Início do ministério:

_____

Caso haja renovação, coloque as datas das renovações do ministério: _____

_____

Escrever algum propósito ou lembrança ou dedicatória da doação deste livro

_____

_____

"Conhecer a Jesus Cristo pela fé é nossa alegria; segui-lo é uma graça, transmitir este tesouro aos demais é uma tarefa que o Senhor nos confiou ao nos chamar e nos escolher" (*Documento de Aparecida*, n. 18).

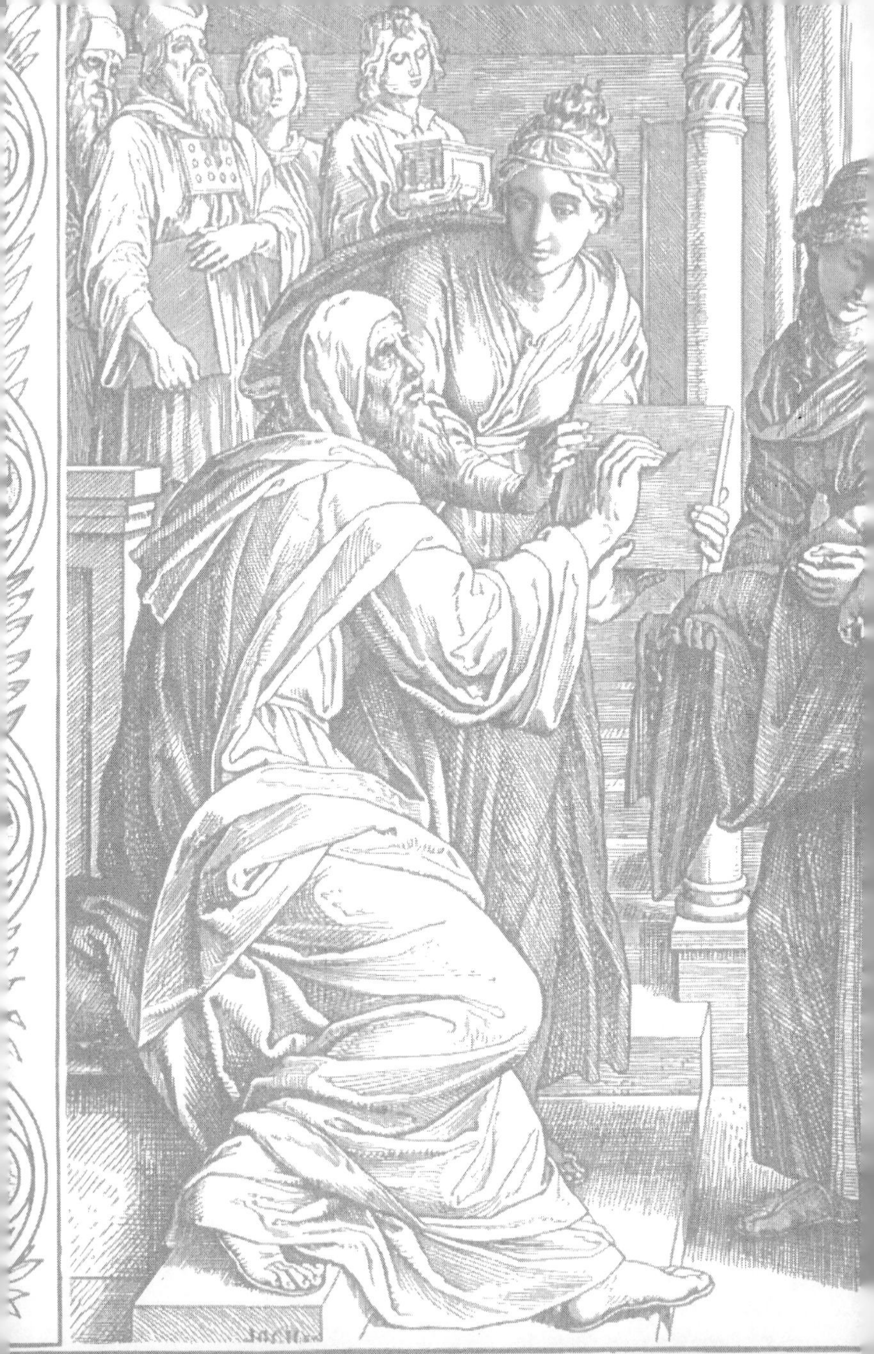

Código de Direito Canônico (CDC), através do cânon 230, parágrafo 3 afirma que "Onde a necessidade da Igreja o aconselhar, podem também os leigos, na falta de ministros, mesmo não sendo leitores ou acólitos, suprir alguns de seus ofícios, a saber, exercer o ministério da palavra, presidir às orações litúrgicas, administrar o batismo e distribuir a sagrada Comunhão de acordo com as prescrições do direito".

O leigo, na Igreja, faz presente o mundo, e no mundo faz presente a Igreja. Todo leigo tem uma função na Igreja, o leigo manifesta o dinamismo extrovertido da Igreja.

Ser ministro não é um privilégio, mas um serviço na comunidade eclesial missionária e ela espera a sua adesão pastoral.

Sumário

O recorte de uma história...............................	11
Introdução..	15
1. Quem é o ministro na comunidade eclesial missionária	25
2. A sua função como princípio	35
2.1 Esquema pastoral de uma Instrução	42
3. A qualidade exigida de um candidato ao ministério	49
3.1 O ministro é um homem provado por Deus .	52
3.2 Algumas atividades inerentes ao ministério...	57
3.3 Problemas de saúde e bem-estar do ministro	62
3.4 Ministro: ser que ama...................................	73
3.5 Ministro: cristão entusiasmado	79
4. Oito características do candidato ao ministério	95
4.1 O ministro na rede social	115
4.2 A vida cristã do ministro	123

5. A formação da pessoa do ministro a ser escolhido 131
   5.1 O ministro evangelizador e os desafios 139
   5.2 Abordagem: o evangelista em ação 152
   5.3 Alguns exemplos de técnicas e métodos de abordagem 155
   5.4 Alguns lugares e formas de abordagem na evangelização 170
   5.5 Alguns métodos de evangelização 175

6. A instrução *Fidei Custos* 179
   6.1 Perguntando: quem foi São Paulo VI? 189

7. O patrono dos ministros 195

Conclusão 201

Apêndice – Orações e fórmula de bênção 209

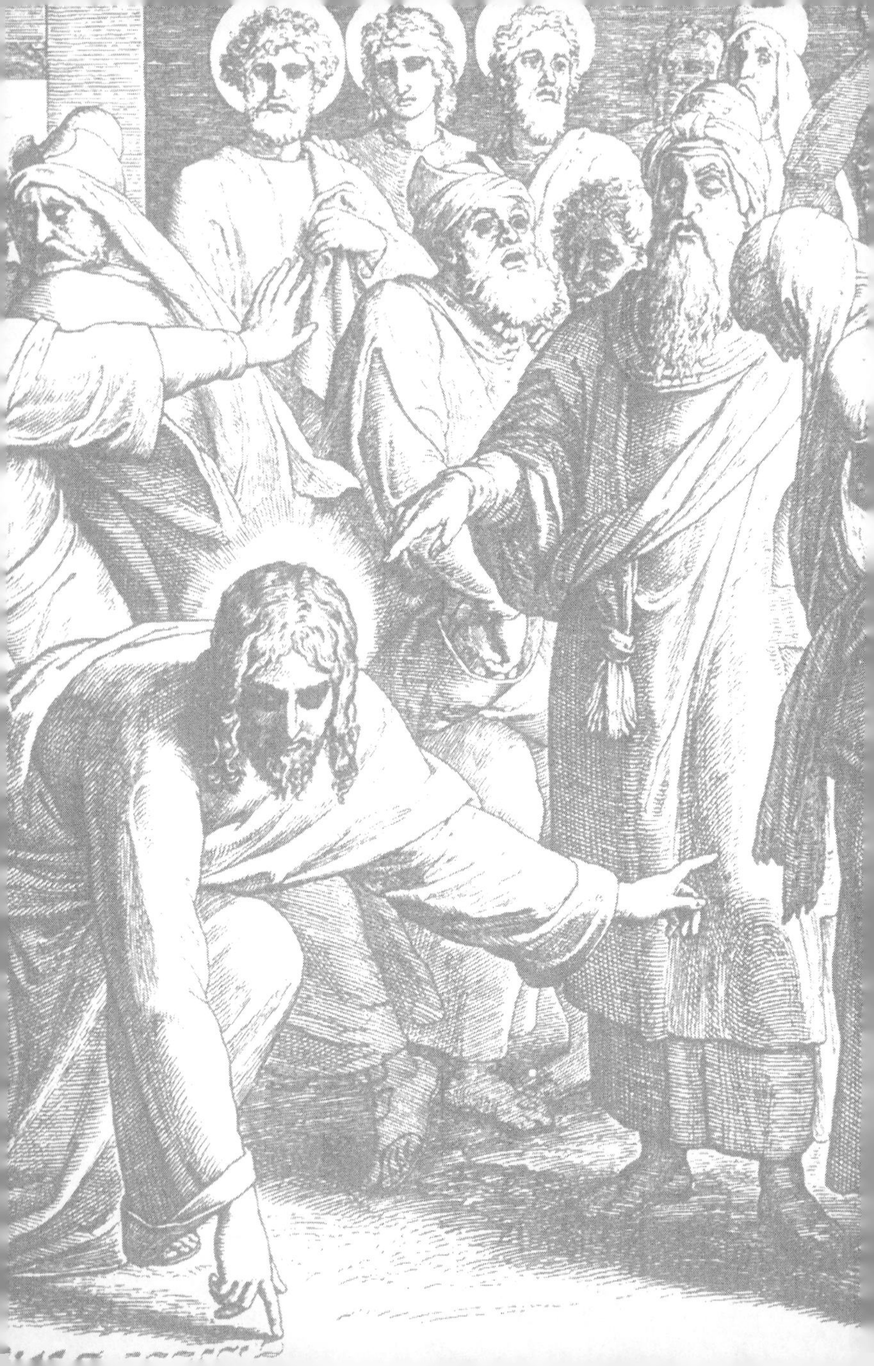

O RECORTE DE UMA HISTÓRIA...

"...fui ministro na comunidade... por mais de dez anos. A minha vida familiar não estava bem. Iniciamos um matrimônio, relativamente tranquilo e todos nos achavam um casal perfeito. Estávamos sempre juntos em muitas atividades na comunidade. Éramos palestrantes em vários movimentos de encontros da comunidade, mas, em casa, não éramos um exemplo de vida para nós e nem para nossos filhos. Eles percebiam que não vivíamos bem. Os desentendimentos eram constantes. Certo dia fui convidado para ser ministro na comunidade. Conversamos e aceitamos de bom gosto, pois assim a maioria fazia. Aceitavam os convites e conviviam com certas situações desagradáveis na relação familiar. Assim fomos 'tocando' por muitos anos. Acabamos vivendo uma vida dupla. Minha esposa foi se afastando de mim; vivíamos em camas separadas; eu, por minha vez, comecei a dar meus 'pulos' fora de casa com outras mulheres. A minha esposa começou a rarear nas celebrações e não participava mais de quase nada na comunidade. Em todos esses anos, dificilmente procuramos a confissão, mas recebíamos a comunhão em todas as missas. Diziam que pedir perdão já seria suficiente para o arrependimento e purificar o coração. Éramos muito amigos e próximos do padre, mas sentimos que ele se ausentou de nossa vida e parecíamos não existir para ele. Ficamos, literalmente, sozinhos e perdidos em nossos devaneios e, em busca de alguma solução plausível para nossas vidas. Todos aqueles que ajudamos, durantes esses anos, não nos deram a mão em sinal de solidariedade e de ajuda. Ninguém, talvez, sentisse a nossa dor e o que estávamos passando em casa. As brigas e desentendimentos foram crescendo à medida que o tempo passava. Percebíamos o desassossego dos nossos filhos. Fomos abafando o gosto pela fé e nos perdendo a cada dia e nos desencontrando em todos os sentidos: em casa e na vida da comunidade. O nosso distanciamento não foi percebido por ninguém e parecia que não fazíamos falta no grupo de ministros. Éramos invisíveis para a comunidade. Nem o coordenador se importou com a nossa situação... os colegas de ministério, com quem comungamos tantas alegrias, palavras, encontros, retiros, confraternizações também se omitiram por completo. Assim fomos saindo de cena e nos restaram muita mágoa e dor. O nosso distanciamento da comunidade e da vida familiar nos fez, em comum acordo, buscar o divórcio. Assim aconteceu... Nesse tempo todo de conflito, ninguém, jamais nos procurou para uma conversa e, nem, ao menos, perguntar como estávamos. Hoje, cada um de nós vive a sua vida independente e distante e com saudade da Igreja, embora a pandemia também tenha colaborado para esse desconsolo... Hoje só restou muito ressentimento e algumas mágoas de pessoas da comunidade e entre nós. Não somos mais amigos, embora nossos filhos tenham crescido e tomado o seu caminho, fico triste em constatar que fizeram isso mas de forma distante, indiferentes e abandonados à sorte do que seria melhor para cada um deles... Essa é um pouco de minha vida de cristão que se considerava ministro e não tinha as condições mínimas para exercer essa tarefa delegada pela igreja. Infelizmente, pouco vou à Igreja e quando vou, ninguém me percebe ou dá atenção ou pergunta algo. Sou apenas mais um desconhecido".

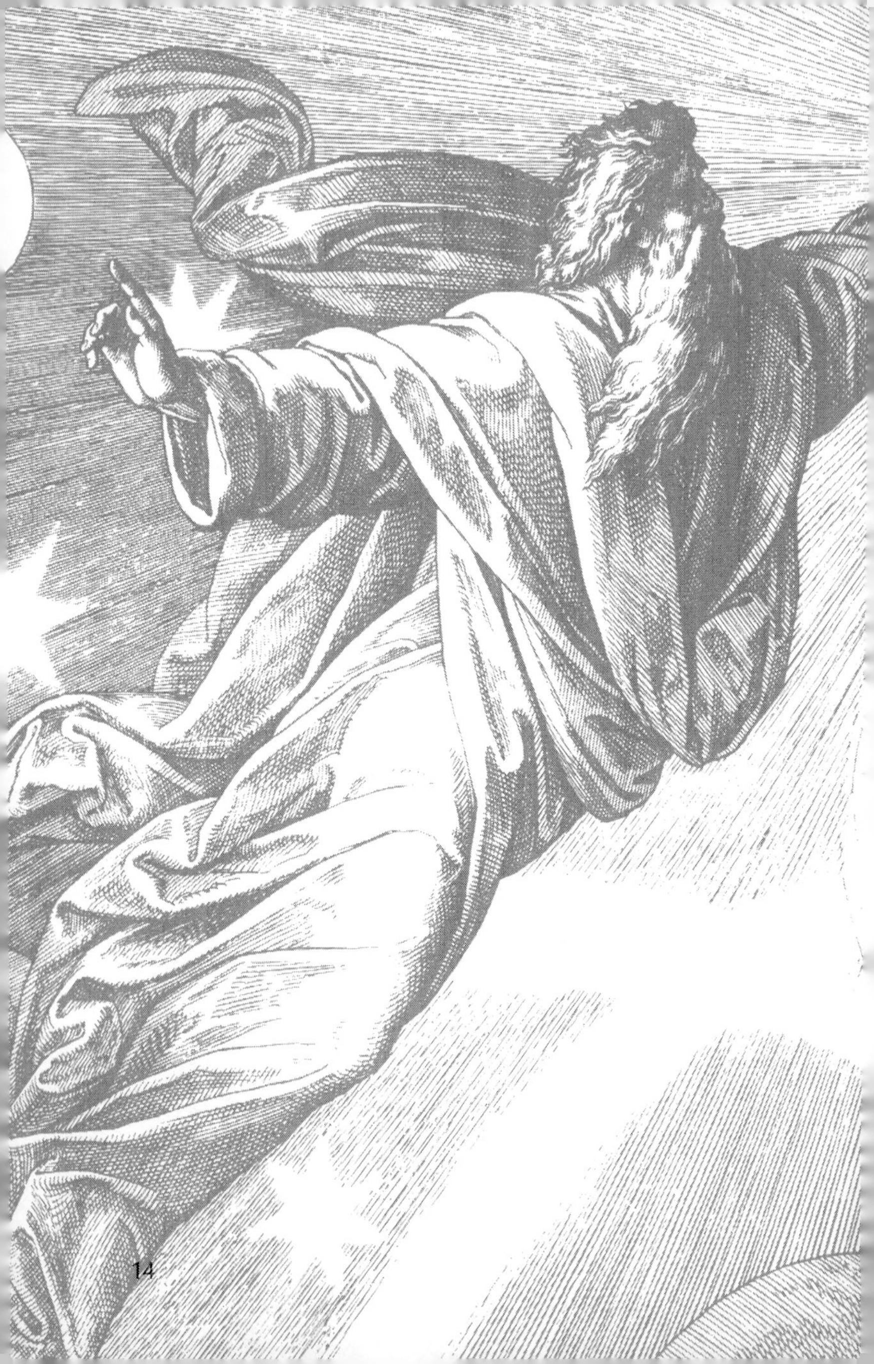

Introdução

Eucaristia é "fonte e centro de toda a vida cristã", de tal forma que se pode afirmar que "a Igreja vive da Eucaristia". Neste sentido, o serviço litúrgico dos ministros extraordinários da Sagrada Comunhão deve ser entendido como expressão do cuidado pastoral para promover a devoção/adoração ao mistério eucarístico.

O ministro é aquela pessoa que se dispõe a servir a Igreja a partir desse ofício pastoral-litúrgico. Distribuir a Eucaristia, em si, não é toda a sua tarefa pastoral e ministerial. É um ponto de equilíbrio onde o cristão católico se afinca e se dedica a esse ministério com afeição, carinho e cuidado pastoral.

A função de ministro deve ser o resultado de uma série de atitudes proativas do candidato e este deve ter uma inserção na vida comunitária, participando das atividades inerentes ao pastoreio da Igreja coadjuvando os ministros ordenados.

Em todas as comunidades encontramos aquele grupo de homens e de mulheres aos quais chamamos impropriamente de "ministros da Eucaristia". Veremos que o nome mais adequado para esse ministério é "ministros extraordinários da Sagrada Comunhão".

Ao longo do exercício do ministério presbiteral, os padres se encontram com centenas de homens e de mulheres que são ministros extraordinários da Comunhão. Cada um com suas qualidades, valores e defeitos. Em geral, são pessoas leigas que se dispõem a servir o altar e, às vezes, não tem condições adequadas para isso, quer por falta de vocação, ou jeito de ser.

É preciso ter presente que esse ministério depende muito da dedicação do pároco, de seu zelo pastoral, do cuidado com a liturgia, com a formação dos ministros, com a preparação dos novos candidatos e com algumas exigências inerentes a esse ministério. Por outro lado, essa preocupação não deve ser exclusiva do pároco: toda a diocese deve também se preocupar com esse ministério. É desejável que todas as dioceses tenham um "organismo de formação" para os ministros e para os novos candidatos que se apresentem. Para isso seria importante ter uma equipe de pastoral dedicada à formação dos ministérios em geral e, mais particularmente, ao ministro extraordinário da Sagrada Comunhão.

Voltando ao ministério extraordinário da comunhão, quando há uma ausência de formação adequada vemos que muitas coisas ficam por vezes a desejar, principalmente quando olhamos apenas na superfície dessa função na liturgia da missa: alguns exageros e descuidos próprios daqueles que parecem não ter entendido suficientemente esse ministério pastoral ficam evidentes, por exemplo, no que diz respeito ao uso das vestes e no modo de se comportar no altar. Infelizmente, nem sempre se há uma postura adequada! Embora muitas expressões comportamentais se "diluam" na grande assembleia da missa paroquial, elas se tornam mais visíveis na pequena comunidade eclesial missionária. A presença do ministro no altar deve ser sempre discreta e respeitosa de forma a fazer brilhar a humildade do serviço pastoral.

Certamente é preciso estar atento também a esse aspecto do exercício do ministério, contudo, aqui não trataremos das normas de comportamento litúrgico ou pastoral, mas da pessoa do ministro enquanto cristão amadurecido para o serviço do altar.

O ministro deve ser um vocacionado para exercer o trabalho na comunidade. A simples dificuldade que a grande maioria das paróquias tem em encontrar ministros para desempenhar os vários ministérios revela o quanto ainda é preciso caminhar na formação cristã dos membros da comunidade paroquial. Dentro dessa formação, podemos imaginar alguns aspectos como a catequese e a formação bíblica dos leigos em geral.

O trabalho pastoral com os ministros deve ser zeloso. Existem comunidades que "pegam a laço" pessoas para servirem o altar ou para outros ministérios sem muito critério pastoral – e até mesmo de humanidade! Infelizmente não é raro ver que, em muitos casos, o ministério exercido acaba sendo um desserviço à própria pessoa e à comunidade. A pessoa do ministro deve estar bem alinhada, constituída e firmada na comunidade. O cuidado com a sua pessoa, imagem e origem determina, de forma melhorada, a função a ser exercida.

Imaginem o quão descuidada pode ser a convocação de um casal para servir ao altar. Por necessidade de se ter ministros, há comunidades que acabam por convidar um casal sem se questionar se ambos os cônjuges possuem a vocação. Imaginem o peso na vida de um casal em que um dos dois pode não ter vocação alguma para esse ministério do serviço ao altar. A vocação nem sempre é do casal, mas do indivíduo em particular (esposa ou marido). Enfim, é uma questão de escolha e de discernimento pastoral/vocacional!

Há outros elementos que muitas vezes tocam a vida ministerial de quem presta o serviço ao altar. Aqui citaremos dois:

- O ministro pode até se preparar para a celebração de forma zelosa, mas é bem lembrar que não é o revestimento de privilégios que faz o ministro, mas sim, o serviço ao Cordeiro com modéstia e simplicidade. O ministro é o homem ou a mulher do silêncio ao serviço do altar. Para isso acontecer, tudo deve estar em concórdia. Suas roupas, seu comportamento, sua fala, o asseio, sua vida cristã etc. São todos elementos que perfazem um pouco do muito que eles, ministros, podem oferecer à comunidade. Não se deve convidar ao ministério apenas porque aquela pessoa é o fulano de tal, ou porque fala bem, ou é aparentemente muito piedosa: é preciso discernir sempre o conjunto.

- A comunidade sempre comenta e observa o ministro, por esse motivo é preciso ter uma preocupação com a sua família. A família do ministro deve ser uma família inserida na vida comunitária. Na medida do possível, a esposa ou o marido devem fazer parte do grande momento celebrativo. Um ministro, cuja esposa e filhos tenham participação na comunidade paroquial certamente oferece uma vantagem e uma maior ajuda ao próprio ministério.

Aliás, talvez o tópico relacionado à família seja hoje o maior desafio para um ministro exercer com tranquilidade seu ministério na comunidade. Naturalmente não se trata aqui de exigir uma "impecabilidade", mas, de modo geral, quando os próprios filhos não têm uma vida ativa ou presença e testemunho na comunidade, ou ainda, quando alguns infelizmente, com comportamentos inadequados, servem de embaraço ao pai ou à mãe, isso gera um desconforto para quem fica à frente do altar. É triste, mas todos observam e a experiência diz que há mais pessoas prontas para atirar pedras do que para recolhê-las! Entretanto, – e jamais podemos perder de vista isso! – a oração é um forte remédio para operar milagres; não fosse assim, jamais teríamos na Igreja um santo como Agostinho. Graças às orações de sua mãe, Santa Mônica, o jovem Agostinho, que vivia uma vida dissoluta, converteu-se e tornou-se bispo, exercendo um ministério de grande importância para toda a Igreja.

Apesar disso, o testemunho da família poderá ser eventualmente um dos tantos elementos que poderão compor uma forma de se avaliar o futuro candidato ao ministério de serviço ao altar. É certo, todavia, que se nos preocuparmos em excesso não encontraremos candidatos, mas abrir mão de requisitos como o do testemunho, poderá minar o ministério e colocar a missão a perder.

* * *

Escrever sobre a pessoa do ministro é tentar alinhar algumas reflexões a respeito da sua pessoa, seu modo de ser e de se comportar diante da comunidade paroquial. Não é assunto fácil e sem preocupação. Tocaremos em alguns pontos delicados sobre histórias de vida que ouvimos e sabemos do comportamento de alguns, infelizmente, não tão alinhados com o Evangelho.

Não vamos falar sobre a perfeição, propor uma "moral" comportamental, mas considerar modos de ser que devem existir e permanecer nos ministros. Não estamos buscando homens e mulheres perfeitos para servir o altar, mas pessoas com destaque na comunidade, que no dizer do Novo Testamento foram provadas (cf. Tg 1,2-4; 1Pd 1,6-7; At 14,22; Rm 5,3-5).

Nesse livro vamos tratar de algumas "normas" e "comportamentos" dos ministros: o seu modo de ser, sua postura, sua formação e, especialmente, sobre sua pessoa.

O ministro é antes de tudo uma pessoa e, como tal, deve ser cuidada. Existem muitos livros falando sobre sua atividade pastoral, o que se deve fazer no altar etc. Aqui vamos refletir sobre e em conjunto com esses homens e mulheres cheios de desejo de servir, mas muitas vezes carentes de formação, cuidados e de quem olhe para a sua vida. É certo que este modo de entender a pessoa do ministro poderá mudar o objetivo de sua formação específica, do momento que em nossa abordagem deverá prevalecer a caridade pastoral como imperativo inadiável.

Como já acenado, podemos encontrar inúmeros trabalhos referendando a formação dos ministros.

Aqui, a nossa intenção será nos determos sobre sua pessoa e sobre como ele deve se cuidar. A sua vocação é um vaso fino de vidro transparente que requer muito cuidado: qualquer acidente poderá rachar esse vidro.

Em geral, nas formações é comum tratar dos modos de desempenho do ministro no altar, o conhecimento dos materiais litúrgicos etc., mas aqui vamos refletir sobre a pessoa humana que ele é, uma pessoa cheia de desejos, defeitos e virtudes. Uma pessoa com vocação, que necessita de discernimento e graça.

O ministro deve ser visto a partir do seu sentido de vida e das preocupações que moldam seu viver na família, na sociedade e na comunidade eclesial missionária. O testemunho de ser pai e/ou mãe faz toda a diferença no ministério.

1 Quem é o ministro na comunidade eclesial missionária

Valerão algumas explicações, antes de buscarmos a origem do ministério. O "Ministro Extraordinário da Sagrada Comunhão (MESC)" é, na Igreja Católica, um leigo a quem é dada permissão, de forma temporária ou permanente – nesse caso ele recebe o ministério do acolitato –, para distribuir a Comunhão aos fiéis, na missa ou em outras circunstâncias, quando não há um ministro ordenado (bispo, presbítero ou diácono) que o possa fazer ou quando seu número é insuficiente para a distribuição da Comunhão.

Embora todo batizado possa exercer essa missão na comunidade, para o exercício mais frequente desse ministério deve haver um chamado, uma convocação à pessoa para que ela o exerça de modo mais habitual. Em síntese, essa pessoa deve ser vocacionada, deve haver um chamamento em seu coração.

Todavia, poucas vezes se perguntou em profundidade sobre quem é o ministro. Ao que parece, não há muita disponibilidade de material que trate da figura do ministro dentro dessa perspectiva. Parece que o leigo é e foi, ao longo de décadas, considerado apenas, sob certos olhares, como um membro "a serviço" da comunidade, mas atenção, nessas visões esse "a serviço" deve ser interpretado como uma função nunca sem muita importância, um simples executor de ordens. É preciso dizer que essas compreensões ocorrem apesar de tudo o que os Documentos da Igreja já pensaram e afirmaram sobre os leigos. Desse modo, em certos ambientes corre-se o risco de tornar esses documentos "letra morta", pouco avançando na práxis pastoral.

Algumas explicações sobre esse serviço

Chama-se extraordinário porque só deve exercer o seu ministério em caso de necessidade, e, porque, os ministros ordinários da comunhão são apenas os fiéis que receberam o sacramento da ordem.

Na verdade, é a estes que compete, por direito, distribuir a comunhão. Por esse motivo, o nome dessa função é ministro extraordinário da Sagrada Comunhão, e não da Eucaristia, visto que, apenas, os sacerdotes são ministros da Eucaristia, e a função dos ministros extraordinários da comunhão exerce-se apenas na sua distribuição.

Os ministros extraordinários da Comunhão surgiram, na Igreja Católica, após o Concílio Vaticano II, como resposta à escassez de ministros ordenados, e a necessidade de pessoas que pudessem auxiliar os ministros ordenados na distribuição da Comunhão em diversas circunstâncias, tarefa que, para muitos, se tornava demasiado extenuante devido ao tempo e esforço dispendidos (pensemos aqui na visita aos doentes para a distribuição da Comunhão).

Ultimamente, o papa Francisco tem dado muita atenção ao ministério dos leigos, definindo algumas questões importantes como a admissão de mulheres ao ministério do leitorado e acolitado, antes reservado apenas aos homens (cf. *motu proprio Spiritus Domini*, de 10 de janeiro de 2021) e a instituição do ministério de catequista (Carta Apostólica *Antiquum ministerium* de 10 de maio de 2021).

A introdução de ministros leigos que pudessem auxiliar na ausência de outros ministros ordenados teve como finalidade trazer mais eficácia e dignidade à distribuição da Eucaristia.

Bem acolhida na generalidade, esta novidade, contudo, não foi bem aceita por muitos católicos tradicionalistas-conservadores, que sublinharam a disciplina anterior de não se permitir aos leigos, em absoluto, tocar no pão ou no vinho consagrado nem nos vasos sagrados que os contêm, ou seja, nem a modesta função de se buscar as âmbulas no sacrário seria possível, dentro dessa percepção[1].

A função do leigo, para alguns, era a de, apenas "ouvir missas aos domingos e dias santificados" e de forma passiva. Infelizmente, em muitos lugares ainda se cultiva esse "hábito" até os dias de hoje. Embora

---

1. Como já acenado, o papa Francisco, no documento *Spiritus Domini*, deu acolhida a uma realidade já consolidada na maioria esmagadora de nossas igrejas, ou seja, oficializou aquilo que já era prática: mulheres proclamando as leituras do ambão, ajudando no altar e auxiliando na distribuição da Eucaristia durante as missas.

as décadas tenham se passado, ainda volta à baila a mesma tendência de se recuar na proposta da atividade pastoral do leigo a serviço do altar.

Alguns movimentos dentro da própria Igreja, estão excluindo todo engajamento laico no trato com a celebração litúrgica, preferindo dar uma "exclusividade" ao padre mesmo naquelas funções que não competem propriamente ao ministério ordenado. Essa tendência cresce a olhos vistos em muitas paróquias.

Se no princípio houve muitas resistências – e, dentro desses bolsões mais integralistas ainda há – hoje, de modo geral, parece que a situação está acalmada e se aceita tranquilamente o ministro ao lado do padre no altar (na maioria das paróquias). Curiosamente, alguns padres, não admitem os ministros ao seu lado. Mas permitem um grupo grande de coroinhas acolitando na missa. Parece-me que há certa contradição nisso.

Não podemos esquecer que embora o ministro leigo não faça parte do presbitério, ou seja, não possui o sacerdócio ministerial, é alguém batizado e que, por isso mesmo, possui uma dignidade sacerdotal batismal! O batismo é um convite aos ministérios de várias formas. Chamamos isso de "engajamento" pastoral, isto é, a aquele leigo que se dispõe a exercer um trabalho pastoral na comunidade: catequistas, membros da pastoral da juventude, agentes do batismo, da liturgia, da música, do matrimônio etc.

Hoje, não basta convidar aquele fiel que está na Missa todos os domingos para fazer parte de uma pastoral ou movimento. O leigo precisa, antes, viver uma experiência de fé, sentir-se amado e envolvido pela misericórdia divina. De outra maneira, é mais difícil ter interesse em servir a Igreja. Trata-se de um ciclo que obedece a ordem e a experiência feita com o amor de Deus, com um sentido de pertença e engajamento.

Esse desafio não se conclui e nem se realiza com um simples convite feito em virtude da carência de ministros na comunidade, por exemplo. Há um algo mais: deve existir uma sinergia entre a vocação, isto é, o sentir-se chamado a desempenhar um serviço e a observação e conhecimento das qualidades no candidato a ser convidado. Em outras palavras, o candidato, ou vocacionado, a esse serviço de pastoral necessita de discernimento.

Outro fator importante: aos poucos, o leigo deve conhecer a vida da sua comunidade. A paróquia precisa permitir isso ao candidato ajudando-o, na medida do possível, para que o candidato receba uma formação pastoral, teológica, psicológica, social, a fim de que ele possa melhor entender como funciona a organização da pastoral e para poder desempenhar seu ministério com maior propriedade. Além disso, é desejável que ele possa perceber com qual pastoral ou movimento se identifica de modo a ser ainda mais útil naquele determinado serviço de pastoral. Esse aspecto tem sua importância, pois em virtude do pouco discernimento, ou mesmo em virtude da ausência deste, muitos ministros estão no lugar errado, já que acabam assumindo determinada função na base do "impulso".

Muitas vezes, acontece que os padres mudam de paróquia e, ao chegar, encontram uma situação lastimável. Diante de um quadro como esse é muito comum que eles resolvam montar uma equipe de preparação para novos ministros, como forma de incrementar as pastorais. Mas não é raro isso acabar sendo feito sem muito discernimento e sem um conhecimento mais aprofundado da realidade paroquial. Como se costuma dizer: "Ele, apenas, chegou e já quer resolver todos os problemas", quando, na realidade, há situações que demandam uma atenção que levaria anos a fio. Lamentavelmente, a maioria não tem paciência e já começa a determinar ações de pastoral que estão fora do quadro da comunidade eclesial.

Assim – apenas para "solucionar" o problema – é feita uma preparação irrelevante para a função que acaba conferindo o ministério àqueles homens e mulheres sem um escrutínio necessário à tarefa pastoral. Ontem estavam sentados aos bancos e, hoje, encontram-se na frente do altar para distribuir a Eucaristia aos fiéis na fila da comunhão. Essa atitude por vezes espanta os membros da comunidade.

Até o pessoal da comunidade estranha, pois numa situação como essa, de "pastoral do laço", a maioria desses ministros nem foi apresentada à comunidade: são como que desconhecidos. A partir de situações como essa, começam a aparecer os problemas que tendem a ir crescendo em proporção; depois o pároco não dá conta e a comunidade fica insatisfeita. Não houve planejamento de uma formação em continuidade.

Diante disso, podemos afirmar que não se forma um ministro e nem se dá sentido à sua missão. O ministro tem que brotar da comunidade e ser, por ela confirmado para tal missão e função. O ministro não pode aparecer como que "caído de um paraquedas" na comunidade. É desejável que ele seja filho da comunidade e, os demais que desejarem, deve esperar pelo tempo certo.

Na ânsia de se resolverem os problemas da comunidade, os padres promovem cada "milagre"! Neste tempo pós Sínodo precisamos estar atentos à paróquia sinodal para não se atropelar os degraus de formação-ação.

> **PARA REFLETIR:**
>
> 1. Quem é o ministro? Vamos refletir sobre essa pergunta?
> 2. "O ministro é um leigo batizado e, em virtude desse batismo, exerce um ministério, um serviço à comunidade. Sua vocação deve brotar dentro de uma comunidade".
> 3. O que isso significa para a escolha dos novos ministros? Existe uma proposta de escrutínio para cada membro a ser eleito?

2 A SUA FUNÇÃO COMO PRINCÍPIO

A Instrução *Fidei Custos* (FC) do papa São Paulo VI, de 30 de abril de 1969, abriu as portas para a constituição de ministros extraordinários, para administrar a Sagrada Comunhão conforme o rito latino (FC, nn. 5-6) e estabeleceu algumas normas para o exercício desse ministério. É nesse documento, do pós Concílio Vaticano II[1], que podemos encontrar,

---

1. Papa Paulo VI, Instrução *Fidei Custos* sobre os ministros extraordinários da santa comunhão, Cidade do Vaticano, 30 de abril de 1969. Em seu quarto parágrafo lê-se: "O papa Paulo VI, em sua solicitude pastoral, houve por bem aceder aos desejos dos fiéis, e com prudência abolir o direito vigente. Reconhecendo a necessidade do nosso tempo, faz com que, além dos ministros elencados no cân. 845, sejam constituídos ministros extraordinários, que

além dessas normas, algumas exigências para esse ministério pastoral.

> *Definindo.*
> O ministro extraordinário da Sagrada Comunhão é um leigo ou leiga a quem é dada a permissão, temporária ou permanente, de distribuir a comunhão aos fiéis na missa e em outras circunstâncias, tendo também outras funções.

O documento pontifício já em seu título determina sua natureza: trata-se de uma "instrução". Como tal, uma *instrução* se propõe *ensinar*, e não apenas ditar regras. É sempre bom também lembrar que esse ensinamento brota da tradição da Igreja e que chegou até nós pelas mãos do Concílio Vaticano II, correspondendo aos anseios de uma grande parte dos Bispos, padres e fiéis em geral. Com essa *instrução* do papa

---

possam administrar a santa comunhão a si e aos fiéis. Para que tudo isso se faça de maneira ordenada, por autoridade do Sumo Pontífice determinam-se algumas normas sobre a administração da santa comunhão conforme o rito latino" (FC, Introdução).

São Paulo VI, as comunidades se sentiram amparadas e munidas de um norte pelo qual pensar a pastoral dos ministros extraordinários.

É igualmente importante salientar que o Concílio Ecumênico Vaticano II (11 de outubro de 1962 – 8 de dezembro de 1965) não causou uma ruptura na tradição da fé da Igreja, como alguns alardeiam. Ele se insere na longa Tradição da Igreja e corre pelo mesmo caminho dos outros Concílios que o antecederam. Por esse motivo ele não deve ser visto como um ponto isolado, como uma novidade absoluta, mas como uma resposta da Igreja às várias necessidades. É por esse motivo que o papa João XXIII, na proximidade de um novo milênio, o convocou. Ele nos fornece as bases para os desafios que o mundo oferece, convocando toda a Igreja a um verdadeiro "aggiornamento"[2], isto é, a um verdadeiro "pôr-se em dia".

Embora tenha tido preocupações pastorais, o Concílio Vaticano II não se eximiu de dar respostas teológicas e doutrinais em suas quatro grandes constituições: *Sacrosanctum Concilium* (1963), sobre a

---

2. *Aggiornamento* é uma palavra italiana, que significa "atualização", "pôr em dia". Esse termo usado pelo papa representou um norte durante os trabalhos do Concílio Vaticano II.

Liturgia, *Lumen Gentium* (1964) sobre a Igreja, *Dei Verbum* (1965), sobre a Palavra de Deus e *Gaudium et spes* (1965), sobre a relação Igreja e mundo.

Após o Concílio Vaticano II e o reconhecimento dado às Conferências dos bispos, na América Latina houve a necessidade de fazer encarnar o ensinamento do Concílio em meio ao nosso povo e em nossos contextos particulares. É assim que é convocada a Conferência de Medellín (1968) que deu notáveis contribuições no âmbito da pastoral e da teologia na América Latina. Como já acenado, Medellín aplica o Concílio às necessidades dos povos latino americanos, ajudando a despertar a atenção sobre a realidade e os trabalhos dos leigos na Igreja. Medellín continua sendo algo que deve ser conhecido e não esquecido pelas novas gerações: suas afirmações muito equilibradas continuam a ter um grande peso sobre várias questões como a Liturgia e o papel dos leigos e sua missão na Igreja e na sociedade[3].

---

3. Nesse sentido, convidamos a fazer a leitura do belo artigo de KUZMA, Cesar. *Os leigos em Medellín*: memórias e novas perspectivas, Belo Horizonte, v. 16, n. 50, p. 632-647, maio/ago. 2018. Disponível em: <https://periodicos.pucminas.br/index.

Voltando à Instrução Fidei Custo

Creio que valha a pena agora retomar alguns aspectos desta Instrução para uma avaliação desse ministério em nossas Dioceses. Embora nos concentremos mais sobre esse documento, é importante dizer que outros documentos foram produzidos pela Santa Sé disciplinando a prática da administração da Comunhão por leigos. Além, é claro, das normas estabelecidas pela Conferência Episcopal e pelas dioceses disciplinando a tarefa ministerial. Em todo caso, optamos pela Instrução por ser uma das primeiras manifestações do magistério a esse propósito.

Hoje, parece tão comum a presença dos ministros em nossas missas. Mas nem sempre foi assim. Embora na Igreja antiga houvesse uma pluralidade de ministérios, com o passar dos séculos houve uma concentração na figura do ministro ordenado, de modo que até a década de 1960, o mais comum era o padre "fazer tudo" na missa. Com a chegada do Concílio Vaticano II, acolhendo o pedido de várias igrejas locais, o papa Paulo VI dá vazão à uma necessidade, permitindo,

---

php/horizonte/article/view/P.2175-5841.2018v16n50p632>, acesso em 25 de janeiro de 2024.

agora de maneira "ordinária" a presença de ministros leigos adultos no presbitério. Essa medida foi de extrema importância especialmente para as Igrejas com grande afluência de povo durante as celebrações. A presença de mais ministros leigos para o serviço da dignidade da liturgia correspondia, portanto, a uma necessidade.

É preciso dizer que isso foi possível graças também ao movimento litúrgico, um movimento que de certo modo preparou a renovação da liturgia no Concílio Vaticano II. Desde o início desse movimento, no início do século XX, houve sempre a preocupação de para trazer a liturgia para mais próximo do povo e da realidade do laicato.

De modo que a resposta do papa, nesse contexto conciliar, veio em boa hora para toda Igreja presente em todo o mundo.

Essa *Instrução* oferece alguns princípios que tocam a natureza desse ministério: a preocupação com a escolha da pessoa do candidato, colaborar na distribuição da comunhão eucarística nas missas da comunidade; levar a comunhão aos doentes seja nas casas, como nos hospitais.

Posteriormente, o *Documento de Medellín* (1968) dará uma maior abertura, assinalando-se também outras possibilidades como nas celebrações comunitárias, setores, Cebs, pequenas comunidades eclesiais missionárias. Com a realidade muito presente de "cultos sem padre", a presença desses ministros se tornou uma expressão marcante da Igreja Latino-americana. No caso brasileiro, sem dúvida, a presença dos ministros extraordinários da Eucaristia trouxe uma esperança, principalmente nas comunidades rurais do imenso Brasil e nas regiões ribeirinhas do norte e nordeste, não muito habitadas e muito distantes entre si, o que dificulta mesmo hoje, a assistência religiosa.

Outro ponto de destaque no âmbito das afirmações do magistério foi a promulgação do novo Missal Romano em 1970. No seu início, na parte chamada *Instrução Geral do Missal Romano*, se enumera uma série de normas quanto à distribuição da Eucaristia tanto para o presidente da assembleia, quanto para o ministro leigo. Ultimamente foi lançada no Brasil a nova tradução desse Missal de modo que renova-se o convite a todos os fiéis, particularmente os ministros, a conhecerem a *Instrução Geral* (cf. a terceira edição típica do *Missal Romano*, 05.06.2023, 1ª edição, CNBB, p. 12, "Importância e dignidade da celebração eucarística", p. 23-24).

2.1 Esquema pastoral de uma Instrução

Retomando novamente alguns elementos da Instrução *Fidei Custos* do papa Paulo VI, vamos apresentar o seu esquema ou estrutura. Seria interessante fazer sua leitura na íntegra (cf. capítulo 6 do nosso livro), mas apresentamos aqui o resumo e as ideias principais pautadas nesse documento tão importante para os inícios da história desse ministério nas últimas décadas. Vale advertir que, naquele tempo, foi uma inovação e com muitas recusas e críticas das autoridades mais conservadoras.

A Instrução é pequena, com cerca de duas páginas apenas, mas repleta de sentido para o momento de reflexão. Vamos fazer as nossas observações:

- A Instrução traz uma longa introdução e nove "considerações" pastorais.
- Na introdução aparecem quatro destaques como que justificativas para a necessidade da Instrução: A) a Instrução está ao serviço do "bem das almas"; B) a mudança rápida das condições da vida humana e necessário acompanhamento da Igreja;

C) reconhecimento do crescimento das atividades pastorais nas paróquias e a pouca quantidade de ministros ordenados;
D) necessidade imposta por este novo tempo.

Elencadas essas necessidades aparecem, na Instrução, algumas determinações tendo em vista a necessidade de ministros para o auxílio dos párocos. Daí surgirem nove resoluções:

1) em vista do bem da comunidade, necessidade de ampliação da norma estabelecida no Direito Canônico em seu cânon 845 (aqui o papa se refere ao Código de Direito Canônico então vigente, o de 1917).
2) os bispos, e outros ministros equiparados pelo direito, podem delegar a faculdade recebida de designar ministros extraordinários da Sagrada Comunhão aos bispos auxiliares, vigários gerais, vigários episcopais e delegados.
3) a exigência que a pessoa seja idônea para o exercício desse ministério.
4) algumas especificações sobre o exercício desse ministério (distribuição da comunhão em conventos, hospitais, institutos, orfanatos etc.).

5) critérios importantes que devem ser observados ao se procurar o candidato.
6) a pessoa idônea recebe do bispo o mandato, segundo o rito próprio para o momento celebrativo.
7) o cuidado para que, diante da Eucaristia, a administração seja reverente.
8) o documento cita que o exercício do ministério é de três anos. As Dioceses podem estabelecer outras regras.
9) afirma-se também sobre a necessidade de se informar à santa Sé em relação ao andamento dos trabalhos (mais tarde a santa Sé deixou a cargo das Conferências Episcopais a determinação das de acordo com a realidade de cada nação).

Sem mais, a Instrução se encerra com a data de sua publicação: 30 de abril de 1968, e com a assinatura do papa Paulo VI, hoje canonizado (Dia da festa litúrgica: São Paulo VI, 29 de maio).

A Instrução foi importante, naquela época, pois deu concretude à estima da Igreja pelos leigos de acordo com o Decreto conciliar *Apostolicam Actuositatem*

(AA) – sobre o apostolado dos leigos, emanado pelo Concílio Vaticano II em 18 de novembro de 1965.

Curiosamente o texto conciliar fala bastante em apostolado e lembra a necessidade de que os leigos estejam inseridos nas atividades eclesiais. E, no começo, indica que "em muitas regiões onde os sacerdotes são demasiados poucos ou, como acontece por vezes, são privados da liberdade do ministério, a Igreja dificilmente poderia estar presente e ativa sem o trabalho dos leigos" (AA, 1b).

O Decreto sobre os leigos aborda seis temas. A vocação dos leigos; a finalidade do apostolado dos leigos; os vários campos do apostolado; as várias formas de apostolado; a ordem a guardar no apostolado e a formação para o apostolado.

De forma específica a ação do laicato e descrita no capítulo IV – *as várias formas do apostolado*. O capítulo termina com uma recomendação aos Bispos:

"Recebam os pastores da Igreja estes leigos de bom grado e com ânimo reconhecido e esforcem-se por que a sua condição corresponda, quanto possível, às exigências da justiça, da equidade e da caridade, principalmente no que respeita ao seu honesto sustento e das suas famílias e por que recebam a necessária formação e sintam consolação e estímulo espiritual" (AA, 22b).

PARA REFLETIR:

1. Vamos refletir sobre a definição de ministro dada acima. Podemos acrescentar algo a mais?
2. Vamos nos propor a ler e estudar o documento do Concílio Vaticano II *Apostolicam Actuositatem*?
3. Vamos conhecer o *Documento da Conferência de Medellín*?
4. Vamos verificar o esquema da Instrução?

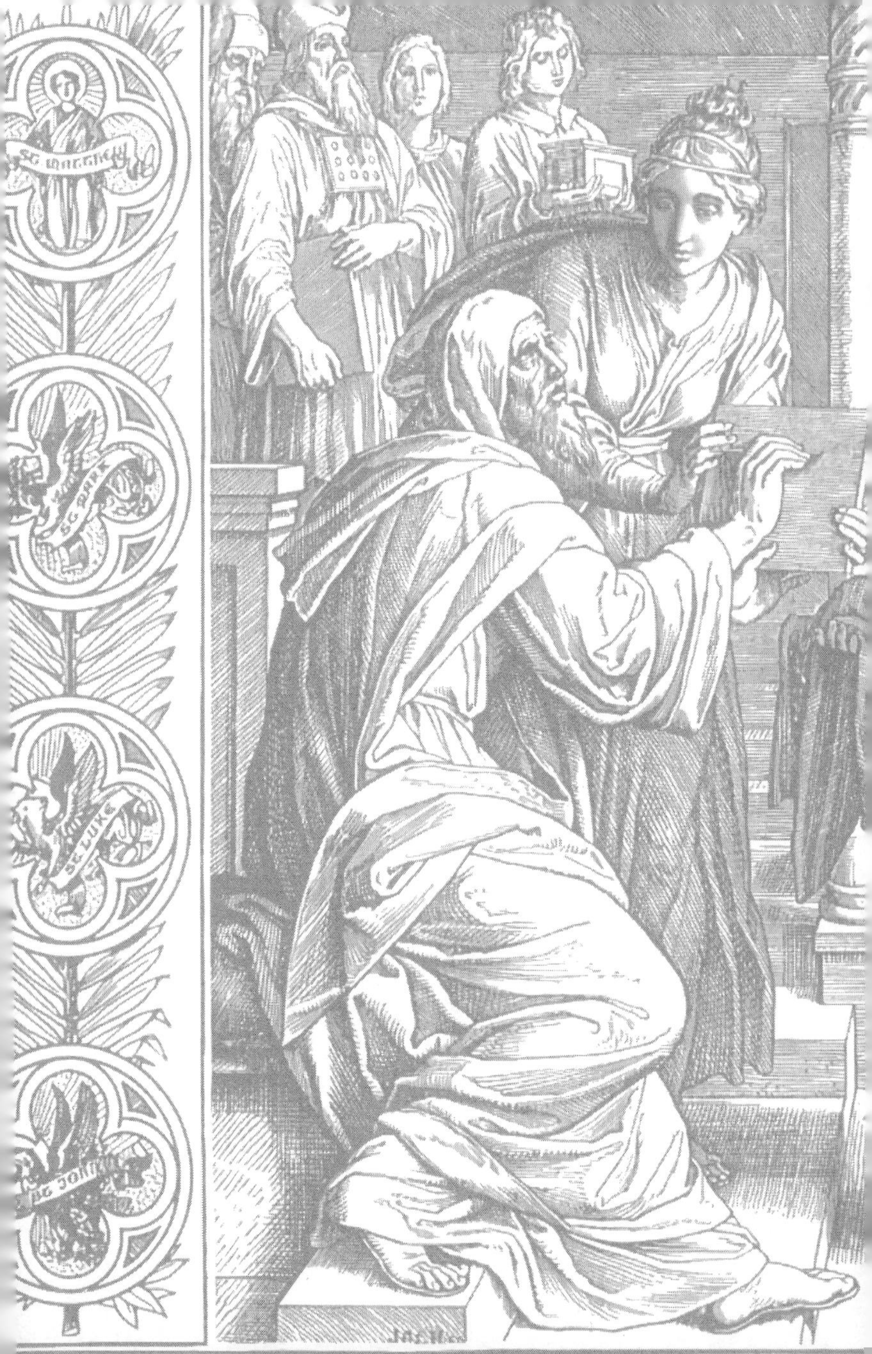

3 A QUALIDADE EXIGIDA DE UM CANDIDATO AO MINISTÉRIO

Diante do que já expomos, temos agora condições de fazer alguns questionamentos.

Como é feita a escolha e a eleição do candidato ao ministério? Qual é o grau de formação e de instrução dos nossos ministros? A sua preparação, ao ministério, é feita de que forma? Quais os conteúdos para uma "boa" preparação do ministro? São necessárias algumas etapas de formação e como isso deve ser feito? A situação do ministro (homem ou mulher) é levada em consideração para o estabelecimento de critérios na escolha e no conteúdo de formação? Quais requisitos básicos devem ter os candidatos em vista dos novos tempos em que a Igreja vive?

Sabemos, entretanto, que o ministro não é somente um "distribuidor" da Eucaristia; ele é um agente qualificado de pastoral. Tendo isso presente, o que seria próprio da diocese e da paróquia para essa qualificação do ministro? A piedade cristã (homem ou mulher) seria um dado exclusivo do candidato ao ministério?

O ministro ao ser admitido ao ministério precisa ser ouvido. A sua pessoa deve ser avaliada antes da sua admissão. Não há como ir "pegando ao laço" alguns ministros, apenas para servir às necessidades da comunidade. Curiosamente, a *Instrução* do papa Paulo VI, se preocupa mais com a "pessoa do ministro" quanto à formação (conteúdos).

Mais do que nunca, hoje, carecemos de instrução, capacitação e de escolhas específicas daquele que estará no altar e servindo a Eucaristia. O critério da piedade deve ser um algo a mais, mas não o único critério.

Podemos imaginar a capacidade de argumentação e de vivência cristã do candidato. Não há como dispensar o critério de ser discípulo missionário para um novo tempo de pastoral e da inserção do cristão-leigo na comunidade e na vida social (no mundo).

No Capítulo VI do Decreto sobre os leigos – *a formação para o apostolado*, fala-se em "formação integral", (AA 29) e, em seguida, trata da formação específica do leigo (AA 31).

Antes ainda de se iniciar a formação dos novos ministros é preciso pensar na necessidade da formação integral, considerando as suas várias dimensões – intelectual, física, emocional, social, religiosa, ética, cultural – e ir constituindo um projeto coletivo de formação. Embora essa proposta se pareça mais como uma utopia, ela é possível. Infelizmente, as formações nas igrejas são cada vez mais feitas com pouco critério de metodologia.

Considerando nossa Igreja hoje, por vezes marcada por um corte carismático/pentecostal, parece difícil essa assimilação. No entanto, é adequado dizer, e em bom tom, que é necessária essa mudança de cenário pastoral, inclusive para dar assento às propostas de uma "Igreja em missão".

O século XXI traz outros questionamentos que devem ser levados em consideração, embora haja urgência de novos ministros, podemos imaginar como foco, a formação de sujeitos críticos, autônomos e responsáveis consigo mesmos e com o mundo. Se uma formação como essa será inicialmente exigente, depois, contudo, a pessoa será uma boa catequista da palavra e terá diante de si a administração da instrução de novos discípulos e a formação de comunidades.

O ministro é um agente qualificado para tal função; não é um mero distribuidor da Eucaristia como o fora, talvez, em tempos do passado. Ele está ali para prestar um serviço de animação e de formação na comunidade. Mais que tudo deve ser um homem/mulher provado como nos argumenta Paulo a Timóteo (vide abaixo).

3.1 O ministro é um homem provado por Deus

O conselho de Paulo a Timóteo:

Insiste sobre estas coisas. Pede encarecidamente, diante de Deus, que se evitem as discussões vãs: para mais nada servem senão para dano dos ouvintes. Faze todo o esforço para te apresentares a Deus como homem de vida comprovada, como operário que nada tem de que se envergonhar, e como bom dispensador da palavra da verdade.

Evita as discussões vazias e estranhas à fé. Pois quem entra nessas discussões vai perdendo cada vez mais a sua religiosidade. A palavra deles se difundirá como gangrena. Entre eles estão Himeneu e Fileto... (2Tm 2,14-17).

O ministro é um líder digno a ser imitado e provado por Deus. Não é uma questão de ser melhor que os demais, mas da pessoa que se coloca a serviço da Igreja e tendo como critério de vida a sua fé. São palavras de admoestação, difíceis de serem assimiladas por quem alimenta alguma ilusão de privilégios.

O que significa ser ministro e servo fiel? As exigências da Igreja, nem sempre são entendidas por todos. As exigências supõem uma série de comportamentos adequados à fé professada.

Quando o apóstolo Paulo ensinou sobre como devemos abastecer a fé e servir, ele disse: "Portanto, que sejamos considerados como servidores do Cristo e administradores dos mistérios de Deus. E o que se exige dos administradores é que cada um seja fiel" (1Cor 4,1-2).

Seria muita exigência? Não. Apenas uma concordância, uma combinação entre pessoa e missão. Nada deve estar separado, pois assim Paulo entendia o ministério daquele tempo. Com certeza não deve ser diferente nos dias atuais. O mesmo Senhor Jesus já dizia sobre si mesmo: "O Filho do Homem, que não veio para ser servido, mas para servir e dar a sua vida em resgate pela multidão dos homens" (Mt 20,28). Paulo também tinha esse sentimento, ele sabia qual era a sua responsabilidade de ser servo de Deus, daí ele fazer uso de duas palavras especiais e um adjetivo, que a partir da língua grega são traduzidas por ministro, servo e fiel. Essas palavras remetem ao próprio Jesus Cristo, que foi ministro e servo do Pai e fiel até à morte na cruz. Elas nos ajudam a entender melhor o que significa ser ministro e servo fiel.

Entendendo as expressões: servo e fiel

Um servo é basicamente um escravo, uma pessoa que está totalmente dedicada a servir outra pessoa (cf. Mc 10,45; Fl 2,5-7). O servo de Deus é propriedade exclusiva daquele que o tirou das trevas para a luz. Podemos observar esse mesmo aspecto também em Maria, em sua atitude de submissão à proposta divina.

Servo e escravo, por vezes são sinônimos, mas com matizes um pouco diversos. Durante o Império

Romano, por exemplo, o escravo sequer tinha condição de pessoa: ele era considerado um móvel, uma coisa. Seus donos podiam dispor dele como bem entendessem. Não é fácil aceitar essa "escravidão" por amor a Jesus Cristo. Já a palavra "servo" tem uma conotação um pouco mais branda, se refere àquele que cuida dos "suprimentos da casa", pode ser o despenseiro ou mordomo, basicamente é aquele que "serve". Também não é fácil aceitar essa condição! Essas duas expressões qualificam o ministro como alguém que está a serviço total. A terceira expressão que qualifica igualmente o ministro é aquela ligada à "fé": o ministro é fiel, comprometido e leal.

Houve um tempo – na Igreja primitiva e durante os períodos de perseguição – em que a fidelidade tinha um preço muito elevado. Havia risco de morte e, muitos, deram suas vidas, sendo mártires por amor de Cristo.

Entretanto, hoje, é até popular e demagogo declarar-se cristão, mas se fosse como ao passado, qual seria nossa atitude? Fidelidade ou traição? Encorajando-nos à fidelidade, o Senhor Jesus em sua revelação no Apocalipse diz: "Não tenham medo do que vocês vão sofrer. Escutem! O Diabo vai pôr na prisão alguns de vocês para que sejam provados e sofram durante dez dias. Sejam fiéis, mesmo que tenham de morrer; e, como prêmio da vitória, eu lhes darei a vida" (cf. Ap 2,10).

A espiritualidade cristã, na maioria de nossas paróquias, está na linha conservadora e acomodada à uma fé sem embaraço e na procura de múltiplos milagres. Nesse perfil teremos poucos leigos comprometidos com a dinâmica cristã inserida na realidade das comunidades.

Infelizmente, estamos contemplando dias de acomodação, em que o ministro não tem a percepção de sacrifício também em virtude da facilidade de vida que se tem ultimamente. Vivemos um momento de Igreja no Brasil tranquilo e, com poucos apelos à conversão pessoal e social. Os poucos apelos estão repletos de sentimentalismos ou acomodados à situação social e pastoral do momento.

Os "mestres" da internet estão presentes nas redes sociais muitas vezes tirando aqueles apelos oriundos do evangelho mas marcados por uma pregação fluida de sentimento de acomodação. Os apelos caminham na linha tradicional com pouca fluência na realidade social, política e por uma Igreja em saída.

A espiritualidade existente, na maioria das comunidades, é tranquila com nenhum apelo à conversão social ou, mesmo, política. Nesse quadro devemos ter mais cuidado com o convite aos novos candidatos ao ministério (caso queiramos uma Igreja mais parecida com as propostas do papa Francisco).

3.2 Algumas atividades inerentes ao ministério

Chegou a vez de se escolher candidatos ao ministério de serviço ao altar.

Alguns padres ficam afoitos e desejam resolver essa pendência de forma rápida; na Igreja não existe rapidez; tudo é pachorrento ou seja, caminha devagar. É a qualidade de uma Igreja milenar! Embora vivamos em uma sociedade fluída desejamos que as coisas aconteçam de forma instantânea e veloz.

Lamentavelmente, essa atitude acaba contaminando nossas decisões, também na esfera pastoral e, verdade seja dita, a precipitação no campo da pastoral, de modo particular na escolha de novos ministros pode levar o conjunto da comunidade ao caos. Nesse sentido, o candidato deve ser escolhido de acordo com objetivos e também de acordo com critérios da própria comunidade que envolve diversas situações do ministro, tanto como pessoa, quanto cristão a serviço de uma comunidade. Ações precipitadas podem levar à escolha de pessoas dispensáveis, isto é, que não reúnem as qualidades humanas e cristãs desejáveis para o serviço do altar. Por outro lado, não se trata de escolher "os eleitos", pessoas sem defeitos, ou algo do gênero... trata-se muito mais de fazer um discernimento sério.

Na Igreja, observando o processo de Iniciação à Vida Cristã, existe a expressão "escrutínio" como inerente à capacitação e eleição de candidatos. Assim deve-se proceder na escolha dos novos ministros. Não apenas ser uma pessoa boa, mas que tenha o perfil e a qualidade de um bom servo como fora proposto pelo apóstolo Paulo.

Tudo na vida exige tempo de escolha de maturação. A Igreja é para todos e se apresenta como um caminho de conversão e crescimento. Uma pessoa recém entrada em uma comunidade poderá não apresentar a maturidade necessária para o desempenho de um ministério. Um casamento mal encaminhado, alguém que não dê testemunho de vida cristã, de honestidade nos negócios: são sinais de que ainda é preciso fazer uma caminhada de conversão e de fé. Escolher pessoas que não passaram por um processo de maturidade cristã... quanta dor de cabeça mais tarde, quanta "faladeira" se provoca na comunidade, quanto desfalque na administração de contabilidade da comunidade etc.

Na escolha do candidato, os seguintes critérios devem ser observados, como pedem os documentos da Igreja:

1. Que sejam pessoas idôneas e, especialmente, escolhidas para o ministério; recomenda-se a escolha de pessoas de idade madura (FC, 1 e 5; CDC. Cân. 228).
2. O candidato deve ter participação ativa na comunidade e ser aprovado ou indicado e bem aceito na mesma. Hoje, essa tarefa pode ser atribuída ao Conselho de Pastoral.
3. Que tenha condições e queira preparar-se para o ministério (CDC. Cân. 231 § 1). Que tenha ainda, se possível, certo grau de cultura suficiente para se comunicar e exercer bem a sua missão.

Não cabe, todavia, apenas o critério de piedade ou a designação de "pessoa piedosa". É um fator inquestionável, mas não deve ser o prioritário para a função de ministro.

Por outro lado, certamente deve se observar as condições e necessidades da comunidade e o modo como se comportam diante de situações, pastorais e da vida. As comunidades mais empobrecidas dos pequenos vilarejos, zona rural e outros têm outra dinâmica de pastoral e outro modo de se entender a sua cultura. Tudo isso deve ser também levado em conta como critério de escolha.

O ministro extraordinário da Comunhão desempenha as seguintes atividades:

A. Ministrar a Sagrada Comunhão aos fiéis, quando necessário, durante a Missa. Quando necessário, ou seja, há paróquias várias que, na procissão de entrada, colocam dez ministros sem muita necessidade...

B. Levar a Eucaristia aos hospitais, residências, asilos e onde a caridade cristã exigir a sua presença, tendo sempre em vista as seguintes considerações:

1. Estabelecer contato com os familiares.
2. Proporcionar aos doentes e seus familiares o conforto cristão por meio de uma palavra acolhedora e mais propriamente, por meio da distribuição da Comunhão.
3. Ajudar o doente para a recepção dos sacramentos da confissão e da unção dos enfermos (administrados pelo pároco).
4. Procurar despertar o interesse de todos os membros da família do assistido para que participem da celebração.
5. Atender também aos idosos, mesmo não sendo doentes.
6. Ter uma dimensão social do trabalho pastoral do atendimento aos enfermos. Muitas famílias não somente necessitam de orações, de atendimento espiritual, mas de um auxílio emergencial (social, psicológico, financeiro, jurídico).

C. Irradiar, sempre que oportuno, a mensagem da Palavra de Deus por ocasião das visitas, ou no ambiente comunitário, de forma evangelizadora [celebração da Palavra ou culto onde o padre não possa estar].

D. Celebrar as exéquias e aproveitar o tempo de velório para uma adequada celebração dando um sentido cristão à morte. Se puder acompanhar o tempo do luto com a novena, terço das exéquias ou outro exercício piedoso.
E. Formar a comunidade cristã através da Palavra de Deus; despertar-lhe a fé e prepará-la para a celebração eucarística.
F. Expor e repor o Santíssimo Sacramento (mas não a bênção com o mesmo), quando necessário (em muitas dioceses não é permitido desempenhar tal atividade).
G. Zelar pela dignidade do culto eucarístico e de tudo que lhe diz respeito.
H. Proporcionar, na comunidade, momentos de Eucaristia (adoração, visita, catequese, hora santa e outros cuidados).

3.3 Problemas de saúde e bem-estar do ministro

Talvez seja esse o "problema" mais incômodo encontrado em um ministro. De forma geral é um desafio posto a todo ministro, seja ordenado ou não. Podemos encontrar situações bem parecidas no sacerdote da comunidade, no agente de pastoral, no ministro extraordinário da Eucaristia, enfim, é uma questão que atinge a pessoa humana em sua totalidade, estamos nos referindo à questão da saúde física e mental.

É assustador perceber como é cada vez mais comum ouvir falar de depressão e mesmo, infelizmente, casos de suicídio entre membros jovens do clero. Também há os problemas relacionados à solidão, alcoolismo etc. Há cada vez mais pessoas estudando e se preocupando com essa realidade tão presente nas dioceses.

Por outro lado, essas mesmas questões relativas ao agente de pastoral, ao ministro não ordenado de modo geral, infelizmente quase nunca são levadas em consideração. Parece que lidamos e temos pessoas que nunca tem problemas com a saúde mental ou física. Contudo, a verdade vai em outra direção: cada um de nós, de uma forma ou outra, poderá se encontrar em situações difíceis, poderá desenvolver problemas de ordem psíquica e mesmo somática. É uma questão inerente à vida humana.

Embora a fé tenha um papel importantíssimo em nossas vidas, ela não prescinde de nossa estrutura humana: continuamos a ser pessoas cheias de desejos, afetos e carências existenciais. Temos limites e defeitos e, por vezes, não sabemos respeitar ou mesmo como lidar com as situações.

Assim nos contou um ministro: "Quando caí em depressão virei alcoólatra, pensei em suicídio, perdi o ânimo para rezar. Passei oito meses sem ir à missa...". Um ministro triste, cansado ou doente não cumpre a missão que Deus lhe confiou. Precisa de tratamento! É uma ovelha ferida! Nessa situação não há condição de servir o altar. É preciso o apoio da Comunidade.

Alguns ministros se dedicam tanto, que acabam por provocar a "síndrome do bom samaritano desiludido" ou do "Jonas abandonado". Encontram-se como que "esvaziados de energia e de ideais", há uma exaustão emocional e se tornam "incapazes de renovar as motivações e forças espirituais"[1].

---

1. Cf. DA SILVA, José Carlos Ferreira, *Síndrome do Bom Samaritano desiludido por compaixão*, disponível em: <https://revista.fuv.edu.br/index.php/intotum/article/view/2163> acesso 30 de janeiro de 2024.

Certamente Deus não quer que adoeçamos. É preciso atenção por parte do ministro: muita luta em favor da comunidade e com pouco retorno pastoral, pode ser um indicativo de que está na hora de aprender a dizer "não". Por outro lado, também a comunidade deve estar atenta: um agente de pastoral sem unção, sem brilho de fé, sem coragem não produz resultado positivo à comunidade. A missão do ministro deve ser entendida como um serviço que deve produzir frutos tanto para a comunidade como para a própria pessoa do ministro.

Muitos ministros "iniciam o seu ministério com muita coragem, idealismo e aventura. Aos poucos se sentem reduzidos quanto à realização pessoal no trabalho e diante de um conjunto de expectativas inalcançáveis, gradativamente, é tomado por um sentimento de impotência e de inutilidade"[2].

Não há como fugir dessa dificuldade. Por vezes existe muito sofrimento por detrás daquela veste litúrgica (tanto no ministro ordenado como no ministro leigo). Precisamos encontrar uma saída, coisa que nem sempre é fácil. Somos instigados a todo o momento e nos

---
2. Idem.

encontrarmos, na maioria das vezes, "amarrados" sem uma solução adequada ao desafio.

Muitos ministros se encontram em situação de penúria social, pobreza, abandono do lar, desafetos familiares, separações, problemas com os filhos, desentendimentos na comunidade, depressão, doenças e outros problemas de grande e pequena monta. Mas como a comunidade lida com isso. É muito triste, mas não é raro ter ministros nessas situações trabalhando por anos a fio nas comunidades e ninguém se dar conta dessas situações: a pessoa torna-se "invisível".

Diante de situações como essas, a pessoa sente-se como que sugada para dentro de um buraco. Como nos lembrava, certa vez, o então padre José Tolentino Mendonça, atualmente cardeal da Igreja: "Fica só um vazio, uma 'cratera' existencial a ser preenchida com angústias e mundanidades: álcool, redes sociais, consumismo ou hiperatividade"[3]. A verdade é que os problemas, por menores que sejam, sempre são grandes e importantes para aquele que sofre.

---

3. Disponível em: <https://www.vaticannews.va/pt/papa/news/2018-02/quarta-meditacao-exercicios-espirituais.html>, acesso em 30 de janeiro de 2024.

Além de muitas vezes a comunidade não ter ciência dessas situações, ou quando tem, não sabe como lidar com elas, é preciso lembrar que ele mesmo, ministro, não está bem e também não sabe lidar com a situação. Muitos foram ao ministério de forma acelerada como que desejosos de resolver um problema pessoal ou familiar. Por vezes, inclusive, desejando cumprir uma promessa que fizera um dia! Mas, ministério, não pode ser fruto de promessa ou de desejos alheios ao convite, à vocação.

Para se ter ideia do tamanho do problema, como elemento de comparação, podemos trazer alguns dados que dizem respeito aos ministros ordenados. Em pesquisas feitas a respeito de religiosos se chegou a conclusões alarmantes. Concluiu-se que 10 a 15% dos padres eram psicologicamente saudáveis, 60 a 70% eram emocionalmente imaturos, e 20 a 25% apresentavam sérias dificuldades psiquiátricas[4]. Ora, é de se pensar que essa estatística não seja muito diferente no âmbito do laicato, já que também os

---

4. Informação disponível em: <https://padrejosecarlos.com.br/noticia/a-saude-mental-dos-ministros-ordenados-ii/>, acesso em 30 de janeiro de 2024.

ministros extraordinários se encontram mais ou menos nessa faixa de dificuldades.

Com frequência, o ministro acaba trazendo para o seu ministério essas dores não resolvidas e causa comoção e dificuldade para si e para todos os demais membros da comunidade. Os problemas nascem de várias situações: desde uma situação econômica com grandes chances de falência, do fracassar na profissão, da chegada da velhice, dos problemas de relacionamento na família etc. Essas dificuldades podem afetar o seu testemunho diante da comunidade e, não raramente, o ministro acaba se isolando e se fechando diante dos desafetos que isso provoca em sua vida de ministério.

Temos que dizer com todas as letras que o ministro, seja homem ou mulher, não é uma pessoa diferente das demais; o ministério não lhe dá uma segurança de comportamento, não assegura a fé. Como acontece com a população em geral, alguns transtornos mentais, até então latentes, se manifestam por consequência das exigências da vida, pelo peso e cansaço da caminhada pastoral.

Muitos ministros se encontram no limite de sua dor, de suas emoções abaladas e de um comportamento equivocado que não lhe faz bem e, nem tampouco, à sua família. Inevitavelmente, quando toda a coisa vem à tona, também a comunidade começa a sofrer.

A fragilidade do ministro por vezes se revela em três áreas do comportamento:

a) Inclui isolamento, falta de comunhão e participação, fechamento em si: há uma espécie de "carreira solo" no exercício de seu ministério. O ministro perde o interesse em servir o altar. Sua vida espiritual fica insossa e sem gosto para se reunir, criar algo novo etc.

b) Desmotivação, desânimo, cansaço e estresse. O ministro, por exemplo, começa a dar as primeiras desculpas para não participar das reuniões e nem para servir o altar. Há um peso a ser carregado em cada reunião, missa ou comunhão. Parece que tudo vai começar de novo;

c) Frustração no exercício do ministério e busca de outras atividades para preencher o vazio. Nada o motiva e parece estar mergulhado em um grande vácuo e faz pouco sentido ficar ali, diante da comunidade, imaginando que todos estão lhe observando.

Dentro desse quadro geral também podem aparecer problemas mais profundos, tais como: desordem afetivo-sexual, adultério, promiscuidade, envolvimento com drogas, participação em festas indevidas, uso exagerado do celular – principalmente no quesito imoralidade (pornografia). Esses sintomas afetam essencialmente a pessoa e a família do ministro. Em meio a situações desse tipo é comum o ministro procurar se esconder de sua realidade, como que tampando o sol com a peneira, ele procura fazer isso se isolando, ou, pelo contrário, se "jogando" no exercício do ministério.

Há também outros transtornos igualmente sérios, tais como o alcoolismo, a depressão, fragilidades psíquicas de diversa natureza. Não podemos deixar de mencionar aqui, dentro desse quadro de transtornos psíquicos, a grande chaga da pedofilia, que pode recair também sobre os ministros extraordinários, que são pais de família. Aparece a necessidade evidente de um tratamento[5].

---

5. Remetemos ao estudo do Pe. José Carlos dos Santos, *A saúde Mental dos Ministros Ordenados* (vide site citado na nota anterior). Embora a matéria trate dos ministros ordenados, é um excelente material para reflexão e para a formação dos ministros em geral.

Por outro lado, apesar de toda essa problemática, vemos com alegria, a cada dia, ministros mais velhos dedicados ao serviço pastoral e também ministros mais jovens que procuram servir ao Senhor com zelo e ardor. Ora, é nesse âmbito, do zelo e do ardor que pode se alojar outro tipo de problema: o "clericalismo" que muitas vezes marca profundamente a vida eclesial. Criam-se exigências absurdas de ordem moral e comportamental: exige-se quase que a impecabilidade do ministro. Em certos ambientes, o rigorismo exacerbado parece ser a tônica do momento. Rigorismo que se estende também às normas litúrgicas: certas cobranças e exigências impostas sem critérios chegam até mesmo a afastar alguns fiéis da Igreja.

Diante de todos esses problemas, é preciso dar atenção aos ministros. Caso a comunidade não o faça, poderá correr o sério risco de estar construindo um poço de indiferença na vida dessas pessoas engajadas. A coordenação dos ministros, por exemplo, deve estar atenta aos colegas. Deve procurar estabelecer um diálogo franco e fraternal, procurando com sinceridade compreender as forças internas e externas que podem provocar o sofrimento e o esgotamento emocional da pessoa do ministro. Na maioria das vezes, essas forças agem de modo silencioso – o ministro "vai levando", vai fingindo que tudo está bem com ele –, por isso a necessidade de um diálogo contínuo.

Outro fato que pode representar um sério problema para a vida dos ministros é a incapacidade de aprender sobre como lidar com o excesso de trabalho e com as crises existenciais, que levam a pessoa a perder o sentido da vocação e da própria vida. O ministro vai se tornando insensível a tudo e a todos. "Quando renunciamos à sede, começamos a morrer"[6]; perde-se o gosto de servir o altar, do engajamento na pastoral.

"Nem sempre o problema é o excesso de atividade, mas atividades mal vividas, sem motivação adequada, sem a espiritualidade que a torna desejável"[7].

Enfim, é preciso exercer sempre um cuidado contínuo em relação aos ministros, propor formações, mas também saber propor momentos de lazer, de descanso, momentos de oração, mas também momentos de diálogo: isso poderá favorecer o cultivo de uma vida saudável e plena!

---

6. MENDONÇA, José Tolentino. Disponível em: <https://www.vaticannews.va/pt/papa/news/2018-02/quarta-meditacao-exercicios-espirituais.html>, acesso em 30 de janeiro de 2024.
7. Idem.

3.4 Ministro: ser que ama

Parece algo óbvio e fácil. Dizer: "Eu te amo", "Deus te ama", "Amo a minha comunidade" etc. Parecem palavras fáceis de dizer, mas carregam um peso de expressão e de conteúdo bastante redundante.

Vamos, de modo singelo, olhar agora para algumas expressões relativas aos modos de amar seguindo o caminho ou algumas inspirações de C.S. Lewis[8].

Que o ministro esteja inserido nessa necessidade de amar é algo básico, vital: é inevitável para quem deseja seguir algum ministério na Igreja! Independentemente de qual seja esse ministério. Não existe um ministério mais significante ou mais extraordinário que o outro. O importante e fundamental será a forma de servir com amor (cf. Mt 23,11; Jo 12,26; Mc 10,42-43). "Amai-vos uns aos outros com amor fraterno, rivalizai uns com os outros na honra recíproca" (Rm 12,10).

---

8. Lewis, Clives Staples. *Os Quatro Amores,* Rio de Janeiro, Vida Melhor Editora, 2017. O amor, segundo esse autor, pode ser transmitido de quatro maneiras. Como afeição, como *eros*, como amizade e como caridade. Foi por amor que Deus fez existir criaturas inteiramente supérfluas, somente a fim de poder amá-las e aperfeiçoá-las.

O candidato, ao serviço extraordinário da Eucaristia, deve ser um homem/mulher que aprendeu a amar, pois o amor nos é ensinado e vivido nas trilhas mais apertadas da vida. Não vale a intenção de que todos nós amamos de uma forma ou de outra; importa amar de fato e com consciência desse amor. O ministro tem que ser um ser amoroso e exercita essa capacidade de modo constante e indivisível.

Ele portará a Eucaristia: sinal do resultado do amor-doação em plenitude. A eucaristia é o próprio sacrifício do Corpo e do Sangue de Jesus, é o banquete de Deus, no qual ele reparte o pão e o vinho, a carne e o sangue de Cristo, e fazendo memória do momento em que Jesus se doa de forma plena. Não existe amor pela metade! "Tendo amado os seus que estavam no mundo, amou-os até o fim" (Jo 13,1). Jesus amou em plenitude; deu sua totalidade sem carecer de imparcialidade. Para nós, chamados a esse amor, se não tivermos a graça do próprio Deus, é simplesmente impossível amar assim...

Embora o amor seja tão certo, nos acostumamos com a palavra e acabamos dando pouca importância para essa ação vital na vida cristã. Lewis, inicialmente, chama o amor de duas formas: o amor-dádiva e o amor-necessidade[9].

---

9. Idem, cf. 171ss.

Vejamos o texto que pode nos ajudar a compreender:

"Um amor típico de um amor-dádiva seria o amor que move um homem a trabalhar, panejar e guardar dinheiro para o futuro bem-estar de sua família, que ele morrerá sem ver ou desfrutar. Um exemplo do segundo amor é aquele que impulsiona uma criança sozinha ou assustada para os braços de sua mãe"[10].

O jardim é belo e gracioso, mas necessita de constante poda e cuidado! Essa é a sua glória. "O jardim está repleto de vida. Brilha com cores e exala perfumes celestes, e apresenta a beleza a cada hora num dia de verão às quais o ser humano nunca poderá ter criado nem imaginado a partir de seus próprios recursos"[11].

O amor não nos traz segurança, mas nos dá a sensação de prazer pela vida. Só quem aprendeu a amar pode sentir-se mais seguro diante dos desafios da vida. Não podemos amar "demais"; apenas o necessário.

---

10. Idem, 11.
11. Idem, 158.

O ministro deve seguir por esse caminho, nada extraordinário, com simplicidade e com o desejo de amar sempre.

Nas palavras de Nosso Senhor, o amor às vezes é descrito com palavras fortes, como um chicote que corta: "Se alguém vem a mim e ama o seu pai, sua mãe, sua mulher, seus filhos, seus irmãos e irmãs, e até sua própria vida mais do que a mim, não pode ser meu discípulo. Quem não carrega sua cruz e me segue, não pode ser meu discípulo" (Lc 14,26-27). Assim como não existe caminho pelo calvário sem chicoteadas, do mesmo modo o amar se apresenta com toda sua dureza. Quantas pessoas se encontram iludidas com um amor que não existe...

Com o tempo, o ministro irá aprendendo a amar. É um amor-ensaio. Será um amor vivido às penas da aprendizagem. "É assim que o amor de Deus se manifestou a nós: Deus mandou seu Filho único ao mundo para que recebêssemos a vida por ele. Nisto consiste o seu amor: não fomos nós que amamos a Deus, mas foi ele quem nos amou e mandou seu Filho como expiação pelos nossos pecados" (1Jo 4,9-10).

Esse é o amor-doação/dádiva de Deus por nós. Dele devemos aprender ou ir aprendendo as lições, até que nos encontremos com o amor-necessidade. Mas não é o ponto final, pois não podemos amar apenas por necessidade; há o imperativo de se dar um "salto no escuro" como fizera Abraão (cf. Gn 12).

O ministro deve ser um homem/mulher provado no amor. Nada deve ofuscar o amor a Deus de forma plena. Quão difícil é essa lição de vida. Santo Agostinho chora e se pranteia com a morte do seu melhor amigo[12], e disso tira uma lição. Ele percebe que estava dando o seu coração a uma pessoa. "Todas as pessoas morrem. Não deixe a sua felicidade depender de alguma coisa que você poderá perder. Se o amor é uma benção, e não uma tristeza, ele deve ser dedicado à única pessoa Amada que nunca morrerá"[13].

William Morris, do Reino Unido (1834-1896), escreve um poema sobre o amor: *Love is Enough* (Basta o amor). O jardim é belo, mas necessita de poda e limpeza constantemente; aí está sua glória. Quando podamos, capinamos e cortamos o jardim estamos liberando o seu esplendor. Assim, basta o amor:

---

12. Cf. Santo Agostinho, *Confissões*, IV,10.
13. Lewis, Clives Staples. Op. cit., 162.

Basta o amor: embora o mundo esteja minguando,
E a floresta não tenha outra voz senão a das queixas,
Embora esteja o céu escuro demais para olhos fracos perceberem
As trepadeiras e as margaridas florescendo,
Embora as montanhas sejam vultos e o mar um colosso sombrio
E que esse dia desenhe um véu sobre cada fato passado,
Ainda assim, que as mãos não tremam, os pés não vacilem;
O vazio não esgotará, o medo não mudará
Os lábios e os olhos de amados e amantes[14].

Em definitivo, William Morris, nos propõe, aqui, que o amor nos permite afrontar essa obscuridade com inteireza, e que juntos, os amantes são suficientemente fortes para superar qualquer evento.

---

14. *Love is enough*, poema de William Morris (1834-1896), publicado em 1872. Tradução de Maurício Peltier. Disponível em: <https://atelierdaescritarj.blogspot.com/2020/05/love-is-enough-basta-o-amor-william.html>, acesso em 30 de janeiro de 2024.

O ministro não necessita ser uma pessoa fora de todos os conflitos; não é uma pessoa perfeita, mas deve estar ciente das limitações que o rodeiam e de suas próprias.

3.5 Ministro: cristão entusiasmado

Na Igreja, necessitamos de pessoas animadas e que tenham condições de olhar para o alto: vencendo o desânimo. É muito triste ver ministros e agentes de pastoral desanimados, desmotivados no trabalho de evangelização.

Um exemplo. A ordem de Deus ao seu servo Josué: "Não te dei esta ordem: 'Sê forte e corajoso'? Não tenhas, pois, medo nem temor, porque Javé, teu Deus, estará contigo aonde quer que tu vás" (Js 1,9).

Josué tinha que dar continuidade ao trabalho de Moisés, depois de sua morte. Certamente, não foi fácil; levar o povo à terra prometida em fidelidade à Lei. Tinha que vencer os inimigos e atravessar o Jordão em procissão levando a arca da Aliança.

Texto de referência:

"Confiai-lhe toda a vossa inquietude, porque ele tem cuidado de vós. Sede sóbrios! Vigiai! Vosso adversário, o Diabo, ronda qual leão a rugir, buscando a quem devorar. Resisti-lhe firmes na fé, certos de que os mesmos sofrimentos atingem vossos irmãos dispersos pelo mundo. E o Deus de toda a graça, que em Cristo vos chamou à sua glória eterna, a vós que sofrestes um pouco, ele mesmo vos há de aperfeiçoar, firmar, fortalecer e vos tornar inabaláveis..." (1Pd 5,7-11).

O desânimo é tratado como doença (estresse, depressão, medo, síndrome do pânico, etc.), pois muitas vezes leva as pessoas a desenvolverem doenças psicossomáticas. Atualmente o desânimo tem tomado conta de muitas pessoas e levado ao desespero, e até mesmo à morte (física e espiritual). Pessoas de todo o mundo e em todos os níveis da sociedade, tem lutado, sem muito êxito, contra esse problema global.

Busquemos na Palavra algum referencial

Conhecendo as causas do desânimo. Embora haja muitas causas, inclusive ligadas à doenças, o desânimo pode ter em suas raízes causas não apenas de caráter material, mas também espiritual. Aqui nos propomos analisar apenas três delas.

1. *A falta de esperança*: as pessoas desanimadas não têm mais esperança, pois muita das vezes, as pessoas esperam nos amigos, mas estes as abandonam; esperam no dinheiro, mas este acabou; esperam na família, mas esta os negligenciam; esperam em si mesmas, mas a saúde lhes falta e acabam desanimando e desistindo de esperar.

    A falta de esperança é um veneno que pouco a pouco apaga sonhos, motivações e energias. É uma camada de decepção permanente; é um caminhar solitário e sem perspectiva...[15]

2. *A falta de fé*: pois a fé não se limita às coisas perceptíveis, como a esperança: a fé espera em coisas que não se veem (Hb 11,1); as pessoas não acreditam mais em ninguém, nem em Deus, não acreditam

---

15. Cf. Sabater, Valeria. *A falta de esperança: quando achamos que tudo está perdido*, disponível em: <https://amenteemaravilhosa.com.br/a-falta-de-esperanca-tudo-esta-perdido/>, acesso em 30 de janeiro de 2024.

nelas mesmas; elas não acreditam em mudanças e desistem da caminhada. Víamos ministros que pareciam ser tão fortes e, de repente, ficam ausentes de tudo e de todos.

A falta de fé é cada vez mais comum. Muitas pessoas, por conta do pouco esclarecimento espiritual, culpam a Deus por seu sofrimento e duvidam de sua benevolência e misericórdia.

Não estamos falando em depressão; estamos olhando aspectos da vida onde Deus pode se revelar e agir. Zacarias (cf. Lc 11,1-20) ficou observando a sua idade avançada, mas Deus queria agir naquele idoso. Deus não lhe perguntou a idade que tinha. Queria mostrar o seu poder de Criador.

3. *A falta de vontade*: há um ditado popular que diz "querer é poder", podemos dizer que este ditado pode ser um começo, pois as pessoas que estão desanimadas costumam não querer sair da situação de desânimo. Se conversarmos com elas, é bem possível que elas só contem fracassos e derrotas, mesmo em um contexto de festa, de reunião ou de celebração: elas não lembram que ainda estão vivas e que podem sair da situação em que se encontram.

A motivação é muito importante para combater a falta de vontade de fazer as coisas. O desânimo é superado pela atitude decisiva em sair de uma situação desagradável. Para isso é necessário agir... Mas não é fácil quando estamos tomados pelo desânimo. Sempre rodeados por "pessoas negativas". Estamos constantemente em torno de algum tipo de influência: TV, amigos, mídias sociais, internet e assim por diante.

O medo do fracasso é "um assassino" de motivação. Temos sonhos, mas eles não se realizam. Ficamos desiludidos e desanimamos: deixamos de lutar em favor desses anseios. Tem gente que não esquece o passado e fica gerenciando o futuro. Alguns não conseguem se livrar desses estorvos e caminham na ansiedade de se projetar, mas não tem forças. Caem como que vencidos pelo tempo ou pelo desânimo.

Temos que entrar no "funil dos sonhos" [16], uma expressão interessante que encontrei na internet e que, segundo os autores, visa "resolver isso: conectar os objetivos dos vendedores com os objetivos da empresa, mostrando as atividades de vendas diárias que

---

16. A expressão encontra-se no site <https://www.funildossonhos.com.br/>, acesso 30 de janeiro de 2024.

precisam ser realizadas para alcançá-los"[17]. É o mesmo que dizer: necessitamos conectar nossa vida de fé com a vida do dia a dia, dentro da comunidade, e não ficar olhando e imaginando o que poderia ter sido feito ou o que poderia ser diferente, vendo apenas o negativo da realidade... Ministros motivados são mais proativos na comunidade eclesial missionária e têm mais condições de colaborar com a transformação efetiva da realidade.

Em nossa experiência, temos sentido essas dificuldades em muitos agentes de pastoral. Na maioria das vezes o desânimo toma conta e cai como um possível mal do momento. O ministro, não firmado na fé, nas virtudes e sem saúde física ou mental acaba desanimando da caminhada e desistindo dos desafios. Se pensarmos bem, o tempo da pandemia trouxe à tona também toda essa problemática, essa carência e certamente contribuiu para a elaboração de um novo capítulo na história dos ministérios que ainda está sendo escrito.

Podemos afirmar que *anima*, ou seja, a alma, é "sinônimo de vida". Uma pessoa *desanimada*, geralmente, não tem motivação para executar as mais diferentes

---

17. Idem.

tarefas diárias como trabalhar, estudar e cuidar de si mesma e da família; nesse sentido, é uma pessoa que perdeu a *anima*, aquilo que dá vida. Além disso, ela também não tem disposição para sair com os amigos e para colocar os seus sonhos em ação. Quando isso ocorre no âmbito da vida eclesial, é lamentável.

Notando o que Jesus nos fala

Jesus falou, aos seus discípulos, nas suas últimas instruções do seu ministério antes da ressurreição: "No mundo tereis aflições. Mas tende coragem" (cf. Jo 16,33). Veremos que estas palavras poderão repercutir de várias maneiras.

1. *Como pessimistas*: muitos podem ler essa passagem e desanimar mais ainda, pois o próprio Jesus falou que não seria fácil; então podem querer desanimar mais ainda, mas o Senhor não parou por aí, ele também disse "Eu venci o mundo!" (v. 33).
2. *Como otimistas*: o Senhor Jesus não falou que seria fácil, mas venceu o mundo e nos disse que estaria conosco até a consumação dos séculos (cf. Mt 28,18-20).

3. *Como filhos de Deus*: se nós só esperarmos a recompensa e a felicidade, neste mundo, estamos correndo o sério risco de desanimar e desistir, pois Jesus nos garante conquista nesta vida, mas garante também a vida eterna (cf. Lc 18,30). Talvez seja este o grande perigo dos tempos atuais. Desejamos Jesus, sucesso, prosperidade e pouca "vida eterna".

A cultura é barulhenta, mas o silêncio da Igreja é estarrecedor. A maioria prega e vive uma espiritualidade sem fim e sem eternidade. Há movimentos e um grande número de celebrações (ou pregações) que são coniventes com uma "cultura" da ilusão para agradar as pessoas e atrair mais gente e encher a igreja de membros com atividades nada salvadoras. Muitos se movimentam movidos por "estrelas" da internet; criam seus gurus e seguem suas ideias. Para muitos, eles são mais importantes que a comunidade eclesial, ou o próprio Evangelho.

Nesses meios, o atrativo oferecido é o de uma Igreja com mensagens motivacionais sem se preocupar com a eternidade.

Combatendo o desânimo no âmbito físico

Como já vimos, muitas causas físicas fazem as pessoas se desanimarem, mas podemos combatê-las através de várias maneiras, citaremos as quatro principais.

1. *Conhecendo Deus*: Deus não está limitado às minhas condições físicas, sociais, financeiras, emocionais, psíquicas etc., se você conhecer a Deus, intimamente, verá que "ainda que esteja morto, viverá" (Jo 11,25); ainda que sua mãe lhe abandone o Senhor não lhe desamparará (cf. Is 49,15); se tudo lhe faltar o Senhor, assim como fez com Paulo, lhe fará dizer "Tudo posso naquele que me dá força" (cf. Fp 4,10-13).
2. *Esforçando-se*: não basta apenas conhecer Deus é preciso se esforçar para se manter na sua vontade, pois esta é a palavra chave que Deus emprega para combater o desânimo e ele diz: "Não nos cansemos de fazer o bem. Pois, se não desanimarmos, chegará o tempo certo em que faremos a colheita" (Gl 6,9). Ele disse para Josué (Js 1,6-9), Salomão (1Cr 28,10), para o Sumo Sacerdote Josué (Ag 2,4) e para todos nós (Sl 31,24): "Sê forte e corajoso".

3. *Ficando alegres*: "Alegrai-vos sempre no Senhor" (Fp 4,4) quando estamos alegres só vêm, em nossa mente, bons pensamentos e não vemos os problemas mesmos que estes existam, pois se nos alegrarmos, no Senhor, jamais teremos tempo de prestar atenção neles. Pois assim como não vemos pessoas tristes e desanimadas contarem coisas alegres, também não se veem pessoas felizes contando tristezas!

As pessoas alegres gostam de estar junto de outras pessoas. Nem sempre o dinheiro, o amor e o status social nos fazem alegres e felizes. Portanto, o que torna as pessoas felizes é o modo como elas enxergam o mundo, bem como observam as circunstâncias e decidem encará-las. Assim a alegria e o pensamento positivo atraem coisas boas, e vão se tornando um hábito.

Combatendo o desânimo no âmbito espiritual/pastoral

O apóstolo Paulo nos ensina que nossa guerra não é contra a carne e nem o sangue, mas contra as potestades do mal nas regiões celestiais, e nos mostra as nossas armas espirituais para combatê-las (cf. Ef 6,10-18).

Embora possamos intuir o sentido da afirmação paulina, o fato é que não se sabemos exatamente de quais forças Paulo estaria falando.

Talvez valeria a pena aqui uma rápida palavra sobre a expressão do texto de Paulo "região celeste e potestade". Poderia iluminar mais se tomarmos as expressões de João: "o reino da luz e o reino das trevas"; ou seja, seria possível dizer que o texto paulino faz menção aos anjos e demônios![18]

Finalmente:

4. *Conhecer a si mesmo*. Muitos problemas de saúde do ministro poderão estar relacionados à pouca estima de si mesmo. Sem nos alongar

---

18. Para estudar e compreender sobre os anjos. GASQUES, Jerônimo. *Anjos: Deus cuida de nós*, São Paulo, Paulus, 2023; outro trabalho mais extensivo sobre os anjos, dentro do contexto da espiritualidade, pode ser encontrado em GASQUES, Jerônimo. *Santa Faustina e os anjos,* São Paulo, Loyola 2023. Na página 11 desse livro encontramos o seguinte texto: "Os Anjos não são, para ela [Santa Faustina], tão somente cooperadores ou cuidadores; são essências em sua caminhada de discípula que aprende com eles; são auxiliares e ajudantes na tarefa de descobrir a misericórdia; são promotores da compaixão com olhar terno e cativante".

muito, digamos que o ministro precisa ter uma visão realista de si mesmo, ele precisa saber aceitar que alguém pode dizer alguma coisa que lhe desagrade e saber tirar disso o elemento positivo. Acontece com o aspecto aparência; a obesidade, por exemplo. A falta de cuidado com a alimentação, o estresse em demasia leva o candidato ao exagero na alimentação, bebida, fumo etc. Saber aceitar alguma crítica pode ser de grande ajuda na revisão dos hábitos alimentares desregrados, por exemplo. Pode ser o ponto de partida para uma vida mais saudável.

Em outras palavras: saber sair da zona de conforto é essencial para desenvolver o autoconhecimento. Isso porque, ao lidar com algo novo, a pessoa será capaz de entender se gosta realmente daquele tipo de experiência ou se prefere focar em outras atividades, além de aprender a lidar com mudanças.

Outros aspectos para fortalecer a autoestima a partir de Ef 6,10-18

1. *Combatendo com a armadura de Deus*: a couraça é uma parte da armadura usada para

proteger o tórax, sendo assim, ela está direcionada a proteger as partes vitais do soldado. Do mesmo modo, a couraça da nossa armadura serve para proteger o nosso coração de vários ataques (sentimentos impuros, tristes, amargura etc.) "Felizes os puros de coração, porque verão a Deus" (Mt 5,8).

2. *Combatendo com a fé*: no texto de Paulo, a fé é comparada ao escudo que serve para ir em frente sem se preocupar com o inimigo, pois o escudo protegia os soldados contra os ataques do inimigo. E se o nosso escudo é a fé em Deus, podemos avançar sabendo que nenhuma arma prevalecerá contra nós (cf. Is 54,1-17).

Alimentados com essa esperança não teremos mais desânimos, pois teremos fé que o Senhor está na nossa frente para garantir nossa conquista no que diz respeito àquilo que almejamos. Da parte de Deus está tudo certo, mas, e de nossa parte? Cremos que Deus vai nos proteger?

3. *Combatendo com o capacete da salvação e a espada*: esta, talvez, seja a arma ou instrumento

que mais usaremos, diretamente, contra o desânimo, pois o capacete, ou elmo, protegia a cabeça do soldado e o Apóstolo Paulo enfatizou: "Tomai o capacete da salvação e a espada do Espírito, isto é, a Palavra de Deus" (Ef 6,17); temos que entender, seja qual for a nossa luta, sabemos que temos a nosso favor esse capacete, que nos liga à salvação, que nos leva à realmente "cuidar das coisas do alto" (cf. Cl 3,2).

E a espada é a Palavra de Deus usada para investir contra o inimigo. É preciso utilizar-se dela como arma, assim como Jesus fez: quando foi tentado, e estando frágil sob vários aspectos, usou a Palavra para acometer o inimigo (cf. Mt 4,1-11).

Qual seria a conclusão?

Ainda que estejamos fracos, física, psicológica, espiritual, material, emocional etc., há um Deus ao nosso lado que nos impulsiona a vencer e nos faz mais que vencedores em todas as situações (Rm 8,37). O ministro é fortalecido por essa esperança.

PARA REFLETIR:

1. Estamos formando um novo grupo de ministros (homens e mulheres)? Qual será a sugestão de temas e abordagens para a formação? A coordenação tem uma proposta? Pode-se expor essa proposta aos demais?

2. Que tipo de espiritualidade podemos esperar do candidato ao ministério? Será que algumas carências dos candidatos são devidas à falta de formação? Nesse caso, o que vamos propor?

3. O candidato a ser escolhido/convidado faz qual serviço pastoral na comunidade?

4. O que podemos falar do amor? Já ouvimos tantas palestras sobre o amor e agora fazemos o resumo de tudo e nos perguntamos: o que é amar?

5. Quais qualidades serão destacadas ou exigidas como critério para a escolha dos candidatos ao ministério? Vamos conversar sobre esse ponto?

4 Oito características do candidato ao ministério

Antes de se escolher/convidar alguém para o exercício de um ministério, é importante que a comunidade ou a coordenação da pastoral tenha presente algumas características desejáveis. Essas características devem ser vistas como qualidades inerentes a qualquer pessoa que deseje fazer parte de um trabalho de pastoral, enfim, são exigências comuns aos agentes de pastoral. Aqui apresentaremos oito características e para a reflexão, dividiremos em dois momentos: uma descrição rápida e, alguns textos bíblicos para o aprofundamento.

Vamos anotar algumas intuições:

1) *Gratuidade*. Talvez, essa característica possa ser uma das mais importantes em um agente de pastoral. Quem vai ao serviço de pastoral de forma parcial, acabará por ficar dando inúmeras desculpas no decorrer dos trabalhos.

Podemos imaginar as resistências que as pessoas fazem; os limites que colocam ao serviço do Reino. Tudo isso, de algum modo, contraria o plano de convocação de Jesus, que exige disponibilidade e dedicação plenas. É o famoso "pôr a mão no arado e olhar para trás" (Lc 9,62). São atitudes que não combinam com o serviço ao Reino e com aquele que deseja servir ao Senhor.

Imaginemos aqueles agentes que nunca estão disponíveis; sempre inventam desculpas para não assumirem os trabalhos. Ficam animados de início, mas com o tempo, vão se esfriando e perdendo a alegria da expectativa.

Essa gratuidade tem muito do que Paulo chama de liberdade em Cristo (cf. Gl 5), embora o pensamento do Apóstolo tratasse mais da questão da correção do pecado pela circuncisão e pela fé agindo pelo amor. "Irmãos, vós fostes chamados para a liberdade. Mas não façais desta liberdade um pretexto para dar vazão às tendências inferiores. Ao contrário, pela caridade ponde-vos a serviço uns dos outros. Porque a Lei inteira é plenamente cumprida nesta única formulação: 'deves amar teu próximo como a ti mesmo'" (Gl 5,13-14).

Somente as pessoas interiormente livres têm condições de se aproximar do altar com mais determinação e alegria. Existem aqueles que sempre se encontram tristes e desanimados no ministério pastoral.

Quantos agentes na condição de desânimo em nossas comunidades! São aqueles que, de fato, nunca se encontram disponíveis e estão sempre repletos com suas preocupações. Um dia essas pessoas aceitaram o ministério, mas talvez tenham se arrependido e não tem coragem de dizer que fracassaram com o tempo. Uma vez investidos do ministério, receiam dizer que "não era aquilo que imaginavam".

D. Eusébio Oscar Scheid disse certa vez: "A gratuidade é certamente uma virtude que somente os verdadeiramente pobres e necessitados podem compreender em profundidade. [...] É muito difícil, para quem é apegado aos seus bens e a si mesmo, compreender o grande dom da gratuidade. Desapego é sinônimo de liberdade".

A gratuidade nos assusta, pois ela nos aproxima da ação de Deus!

2) *Paciência*. Diz o velejador Amyr Flink: "Descobri como é bom chegar quando se tem paciência. E para se chegar, onde quer que seja, aprendi que não é preciso dominar a força, mas a razão. É preciso, antes de tudo, querer"[1]. Essa frase sintetiza o desejo de uma procura muito presente nos pastores: encontrar pessoas que tenham essa característica para serem ministros.

A paciência é uma virtude difícil de praticar. Fazemos de tudo para dar-lhe sentido e profundidade de ação, mas ela é desafiadora. Paulo adverte: "E não só isso: nós até nos orgulhamos com nossos sofrimentos, porque temos a certeza de que o sofrimento gera a paciência, a paciência é a comprovação da fidelidade, e a fidelidade comprovada produz a esperança. E a esperança não engana. Porque Deus derramou o seu amor em nossos corações pelo Espírito Santo que nos foi dado" (Rm 5,3-5).

---

1. Disponível no site <https://www.pensador.com/frase/Njc3MjQw/>, acesso 31 de janeiro de 2024.

Não estamos refletindo sobre passividade, indolência e outros desqualificativos inerentes a certas atitudes submissas de algumas pessoas como próprias de seu trabalho pastoral. Pensamos na paciência como virtude humana; característica que todo agente de pastoral deve ter. A paciência nos coloca na atitude de sobreaviso, de alerta, de atenção, mas sem entrar em desespero para solucionar a situação de uma só vez.

A paciência faz parte de uma vida equilibrada. Todos os desmandos na vida decorrem muitas vezes em virtude da falta de paciência. Um agente de pastoral sem paciência põe toda a atividade pastoral a perder; aliás, pões toda a vida familiar em risco por causa de atitudes impacientes.

Caiamos na realidade, na paciência, na calma, na compreensão que vem de dentro para fora, e não das situações que vivenciamos e presenciamos. Ledo engano, dizer que estamos irritados devido ao que nos fizeram. A paciência nos ensina a ter calma nas decisões. Vivemos um tempo de muita correria e precisamos andar mais devagar. Vemos tantas coisas desagradáveis e desejamos agir de forma impetuosa e não nos damos bem.

Se as pessoas estão descontroladas é porque nosso interior não estava bem. Ou seja, só faltava uma faísca para atear fogo e explodir o nosso pavio curto; estávamos no aguardo do momento oportuno para jogarmos nosso fogo, labaredas e tudo mais no primeiro que apareça.

Você já imaginou um ministro, seja ele qual for, com a tendência de "pavio curto", o mal que poderá fazer no seu grupo e na comunidade?

3) *Solidariedade*. Apenas ser bom não basta! Não estamos buscando homens e mulheres "bons"; estamos procurando pessoas solidárias para assumirem a pastoral de Eucaristia. Os solidários têm condições de amar, enquanto, os "bons" se contentam com a sua bondade e a restringem a questões pessoais.

As pessoas, em geral, são solidárias. Haja vista as situações de terremoto, seca, enchentes, pandemia, abalos sísmicos etc., essas tragédias sempre encontram uma grande acolhida no coração das pessoas que correspondem com grande generosidade.

A solidariedade mostra a ajuda altruísta, generosa e desinteressada que surge do coração a partir da máxima que afirma "temos de dar sem esperar nada em troca" porque aquele que dá o melhor de si para o outro descobre que já recebe o maior prêmio e a melhor recompensa: o bem é um tesouro que traz imensa satisfação pessoal tanto a quem dá como a quem recebe.

A solidariedade é também uma troca de energia entre as pessoas. Tudo que fazemos em relação aos outros, encontra um sentido maior. Não é apenas uma questão financeira. Estamos falando de solidariedade, mas em um sentido amplo, humano, que envolve visita, atenção, afeto, proximidade.

O ministro que não esteja disposto a fazer visitas (doentes, hospital, asilos, penitenciária etc.), é um indício bastante claro que essa pessoa muito provavelmente não tem condições de assumir o ministério.

A solidariedade dos ministros não se restringirá às coisas pequenas do dia a dia que, com certeza, todos fazem. É preciso pensar a solidariedade em termos mais amplos, em termos estruturais. É isso que nos recordava o papa Francisco no seu discurso no I Encontro Mundial dos Movimentos Populares:

> Solidariedade é uma palavra que nem sempre agrada; diria que algumas vezes a transformámos

num palavrão, não se pode dizer; mas uma palavra é muito mais do que alguns gestos de generosidade esporádicos. É pensar e agir em termos de comunidade, de prioridades da vida de todos sobre a apropriação dos bens por parte de alguns. É também lutar contra as causas estruturais da pobreza, a desigualdade, a falta de trabalho, a terra e a casa, a negação dos direitos sociais e laborais.[2]

Além dessa constatação, o papa nos ajuda a fomentar a dimensão da solidariedade constatando que é preciso, no mundo atual, superar a "cultura do descartável" (EG 53), a "globalização da indiferença" e o "ideal egoísta" (EG 54), por meio de uma verdadeira cultura da solidariedade que presta ouvido ao "clamor de povos inteiros, dos povos mais pobres da terra" (EG 190)[3].

---

2. Papa Francisco, *Discurso aos Participantes no Encontro Mundial dos Movimentos Populares*, 28 de outubro de 2014, disponível em: <https://www.vatican.va/content/francesco/pt/speeches/2014/october/documents/papa-francesco_20141028_incontro-mondiale-movimenti-popolari.html>, acesso em 02 de fevereiro de 2024.
3. A citações são da Exortação Apostólica do papa Francisco, a *Evangelii Gaudium* (a alegria do evangelho). Publicada

4) *Generosidade*. Uma qualidade da qual não deve se abrir mão. A pessoa pode ter inúmeros defeitos, mas, jamais poderá deixar de ser generosa. E o que é a generosidade? A maioria das pessoas acha que a generosidade está diretamente ligada aos bens materiais, quem tem mais pode ser generoso, quem nada tem está dispensado de praticar a virtude da generosidade. Quem pensa assim está redondamente enganado. Generoso é aquele que divide com o outro aquilo que tem, por menor que seja; não é o dar apenas aquilo que está sobrando.

Nesse sentido, Jesus é para nós o modelo de generosidade: Jesus alimentou cinco mil pessoas com cinco pães de cevada e dois peixes (cf. Jo 6,11-13). Sua natureza é a de ser generoso em abundância. A boa

---

em 24 de novembro de 2013. Reproduzimos o início desse importante documento do magistério: "A alegria do evangelho enche o coração e a vida inteira daqueles que se encontra com Jesus. Quantos se deixam salvar por ele são libertados do pecado, da tristeza, do vazio interior, do isolamento. Com Jesus Cristo, renasce sem cessar a alegria" (EG 1). O texto dessa exortação está disponível no endereço eletrônico: <https://www.vatican.va/content/francesco/pt/apost_exhortations/documents/papa-francesco_esortazione-ap_20131124_evangelii-gaudium.html>.

notícia para nós é que podemos aprender a ser generosos tanto como ele é.

A natureza de Deus é a de ser generoso. A avareza, a malícia, e o não ter coração são contrários à natureza de Deus. Generosidade é um desejo de dar e abençoar são características que pertencem a um discípulo de Jesus Cristo.

Vivemos em um mundo egoísta, cruel, mesquinho, onde as pessoas valem mais pelo que aparentam ter, do que pelo que realmente são. Ninguém tem tempo sobrando e se tiver, deve ser porque está deixando de fazer alguma coisa. Hoje em dia o tempo parece passar rápido demais, temos um cotidiano frenético, cheio de obrigações, deveres e quase nada sobra para cuidar de nós, de nossas famílias e das outras pessoas. Vivemos tempos sisudos; muito egoísmo; pessoas interessadas em si mesmas e cada uma pensando nas suas relações mais próximas. No meio de tudo isso, onde fica a generosidade?

O candidato ao ministério tem que ter expressado em sua vida essa tendência altruísta de comunhão entre os seus da comunidade religiosa ou social.

Enfim, sem desejar encerrar a reflexão, é generoso quem cuida das pessoas, quem dispõe do seu tempo para praticar o bem, e também quem compartilha seu dinheiro com os necessitados; quem contribui na obra de Deus e o faz com alegria.

Tanto faz se a pessoa é rica ou pobre, a generosidade é a benção de Deus na vida de quem compartilha sua alegria ou seu dinheiro; é o oposto da avareza, veja: "Por isso achei necessário convidar os irmãos a nos precederem junto de vós e preparar-se o auxílio prometido, para que seja deveras generoso e não mesquinho" (2Cor 9,5).

A generosidade, hoje, se estende na linha da acolhida na comunidade. Ser generoso é arrumar tempo para se dedicar aos outros.

5) *Humildade*. Talvez, o maior pecado de um agente de pastoral ou de um ministro fosse a falta de humildade. Ser humilde é reconhecer nossa condição de servidores, de discípulos em função da tarefa para a qual fomos chamados a exercer.

A missão não nos envaidece e não nos coloca na situação de superiores, mas de servos humildes e obedientes do Senhor. É proverbial um pensamento sábio atribuído a Leonardo da Vinci: "Pouco conhecimento faz com que as pessoas se sintam orgulhosas.

Muito conhecimento, que se sintam humildes. É assim que as espigas sem grãos erguem desdenhosamente a cabeça para o céu, enquanto que as cheias as baixam para a terra, sua mãe"[4].

Veja o conselho de Jesus: "Aprendei de mim, que sou manso e humilde de coração" (Mt 11,29). Ser humilde é entender o verdadeiro valor de si mesmo. Deus lhe ama porque o criou, não por causa de sua aparência ou das coisas que você faz. Humildade é reconhecer que seu sucesso vem de Deus e que é ele quem lhe capacita (cf. Rm 12,3).

Ser humilde é estar pronto para servir outras pessoas. Jesus era humilde. Ele não veio para ser tratado como celebridade, mas para trabalhar para o bem das outras pessoas. Humildade é seguir o exemplo de Jesus. "Felizes os mansos e humildes, porque herdarão a terra da promessa" (Mt 5,5).

Esse deve ser o tipo de homem e ou mulher que devemos estar procurando para servir ao altar como ministro.

---

4. Disponível em: <https://www.pensador.com/frase/MzM0NQ/>, acesso em 01 de fevereiro de 2024.

6) *Perseverança*. Perseverar é manter-se firme; como uma coluna de concreto que não se dobra à ventania do tempo. Embora nosso Evangelho seja de alegria, isso não isenta a vida cristã de se deparar com situações de lágrimas, de cruz!

A perseverança é uma combinação de firmeza, paciência e esperança. A pessoa que persevera se mantém firme no seu propósito, tem paciência para esperar o tempo que for preciso para alcançar o objetivo e tem esperança que vai chegar lá, mesmo diante de obstáculos.

Não é nada fácil perseverar diante dos desafios do cotidiano. A vida, muitas vezes, nos dá algumas rasteiras e ficamos perdidos: há quem entre em desespero e faça grandes besteiras. Observávamos, no tempo da pandemia (2020-2021), em meados do final do mês de março de 2021 o povo já se encontrava esgotado na espera pelo fim desse triste período. Aguardava-se com impaciência pela vacina e a doença crescia a cada dia. O desespero começou a tomar conta e, nesse momento, começaram a aparecer os rezadores, as promessas, as revelações etc.

Perseverar no tempo da angústia não é fácil. Como dizem: a fé e a perseverança andam de mãos dadas.

A fé verdadeira, que salva, nos dá perseverança para continuar a crer em Jesus sem desistir. A vida cristã tem dificuldades e nossa fé, muitas vezes, é desafiada. Por isso, precisamos de perseverança.

Quando olhamos as escrituras encontramos pessoas cheias dessa virtude. Rapidamente, podemos olhar para a situação de Abraão, de Paulo, dos apóstolos, de Maria, de José e dos santos posteriores à ressurreição de Jesus. Jesus tinha uma palavra para esse momento: "Mas quem perseverar até o fim este será salvo" (Mt 24,13). O contexto era o sofrimento por acreditar em Jesus.

Nas últimas décadas ficou mais difícil encontrar pessoas determinadas e perseverantes. Duas ideias entram em conflito: o "sólido" e o "líquido". A solidez de formação, de caráter, de fé e etc. se defrontam com a liquidez dos desejos, da vontade, da fé, enfim, perseverar é a palavra mais difícil de usar entre os mais jovens.

As relações sociais e familiares que na maior parte das vezes eram rígidas e duradouras, hoje parecem se desfazer por motivos fúteis. Se antes havia um maior cuidado com a tradição, parece que muitos de nós nos rendemos às novidades do momento. Como reação a esse horizonte fluído, hoje, em algumas comunidades aparecem grupos religiosos com o desejo de voltar ao passado, com certa nostalgia. Por outro lado, é verdade que a sociedade líquida deseja implantar sua fluidez de forma a estremecer as relações sociais.

Muitos membros da Igreja acabam entrando nesse "corredor" de oportunidades; em que de um lado são oferecidos os valores de uma "tradição fechada" quase que imutável, e do outro vão aparecendo os movimentos de desmonte daquilo que é considerado eterno ou tradicional e com muitas inquietações próprias do tempo.

O ministro ou candidato deve estar atento a todos esses vetores da sociedade influenciando a sua vida. As redes sociais e a internet serviram de instrumento para a intensificação do que Zygmunt Baumann, o famoso filósofo e sociólogo polonês, chamou de "amor líquido": a relação pseudo-amorosa da modernidade líquida[5].

7) *Coerência*. Outra qualidade difícil de encontrar; não por que as pessoas, em si, não sejam coerentes,

---

5. Ver, por exemplo, Baumann, Z., *Amor líquido*, Rio de Janeiro, Zahar, 2008.

mas pela situação da formação, da falta de catequese etc. Nesse sentido, e a título de exemplo, encontramos inúmeros textos nas redes sociais que são incoerentes com a fé ou com aquilo que se deveria acreditar. Se não tivermos entendimento de catequese, de leitura bíblica, de livros de formação acabamos caindo no "achismo" tão próprio do nosso tempo. As pessoas, em nome da liberdade, acabam escrevendo e dizendo coisas que acham certas, que representariam uma novidade.

Hoje, falamos o que queremos, ouvimos rádio, vemos televisão e, principalmente, seguimos as mais diversas redes sociais. Nesses meios fornecidos na internet, há sempre alguma mensagem que se propõe como a informação mais certa, como a novidade do momento. Infelizmente, há uma grande frequência de, em meio a mensagens válidas, surgirem mensagens falsas, novidades mentirosas: já demos até um nome para essa realidade, são as *fake news*.

Não é fácil viver a coerência da fé. Deixar as coisas correrem numa velocidade do "faz de conta" também não é sadio e cristão. A vida de coerência exige mais atenção àquilo que faço e sou. Ser coerente com a fé exige determinação que não é fácil assumir nos tempos atuais.

Por outro lado, não podemos ter uma vida em um duplo caminho. Nesse momento nos lembramos de um dos primeiros catecismos da Igreja chamado de "Didaqué". Esse nome grego é traduzido como "A Instrução" que os Doze Apóstolos teriam transmitido para as comunidades Cristãs. De fato, ele tem também esse nome: "A Instrução dos Doze Apóstolos". Trata-se de um texto feito por volta dos anos 145-150 d.C. e seu conteúdo aponta para a catequese dos primeiros séculos. Desse modo, a *Didaqué* era o catecismo dos primeiros cristãos e nela se ensinavam as coisas mais elementares da fé cristã.

O primeiro capítulo inicia assim:

Existem dois caminhos: o caminho da vida e o caminho da morte. A diferença entre os dois é grande. O caminho da vida é este: Em primeiro lugar, ame a Deus que criou você. Em segundo lugar, ame a seu próximo como a si mesmo. Não faça ao outro nada daquilo que você não quer que façam a você[6].

---

6. *Didaqué,* n. 1 e 2, In: Coleção Patrística, Vol. 1, Padres Apostólicos, São Paulo, Paulus, 1997, 198.

A coerência é certamente a procura pela verdade, como já o fizera Nicodemos ao se encontrar com Jesus (cf. Jo 3). Começa aqui um diálogo notório, em que Jesus mostra a necessidade da interiorização do evangelho e da confiança em Deus, no novo nascimento.

Do mesmo modo desejamos novos ministros (homens e mulheres), instruídos no evangelho e aliançados na força do Espírito Santo para o serviço da Igreja. Exige-se do ministro, apenas, uma coerência entre a fé professada e a vida do dia a dia nos mais variados âmbitos.

8) *Autoestima*. De um ponto de vista psíquico, não é bom termos ministros em sofrimento, às vezes até destruídos! Um ministro sem autoestima não agrega sentido e valor ao seu ministério. Muitos trabalhos da Igreja exigem ministros altruístas e cheios de vigor. Sabemos que não é fácil, mas, na vida cristã, não podemos ceder à letargia.

A autoestima significa o valor que atribuímos a nós mesmos e a nossa capacidade de nos amar. É o ato de "amar a si mesmo", que requer atitudes como o autorrespeito, a autoaceitação e o autoconhecimento.

É certo que nem todos nasceram e cresceram fortes e com saúde. Temos tempos/momentos de ciclos em nossa vida, mas não podemos nos ancorar nesse momento. Há momentos de erguimento e de prostração, mas sempre com a mente voltada para o levante donde nos vem a esperança de superação.

A vida não é feita de vitórias contínuas, apesar de sermos orientados a pensar dessa forma. Há dias em que iremos acreditar no que o mundo nos conta e, talvez, apenas não nos sintamos bons o suficiente.

Mas, o que é mesmo autoestima?

Autoestima é uma avaliação positiva ou negativa que uma pessoa faz de si mesma em algum grau a partir de emoções, ações, crenças, comportamentos ou qualquer outro tipo de conhecimento de si próprio[7].

A fé e a vivência cristãs na comunidade podem encontrar um eco nessa avaliação feita no âmbito da

---

7. Informação disponível no site: <https://netdiario.com.br/noticias/aumentar-a-autoestima-para-ser-mais-feliz-e-evitar--doencas/>, acesso 01 de fevereiro de 2024.

psicologia. Mesmo a religiosidade necessita de um elã positivo, e não nos referimos aqui àquela necessidade de correntes positivas de orações e de devocionismo sem fronteira que povoam nossos *smartphones*. As pessoas estão tão desiludidas que sempre "inventam" devoções para locupletar esse cenário de desapontamento.

A autoestima ou valor dado a cada pessoa, por si mesma, é fundamental para o bem-estar mental e físico de qualquer pessoa, já que a aceitação de si mesmo se reflete em cada aspecto da vida. Em geral, não imaginamos isso. Somos mais propensos para achar que a autoestima está ligada apenas à questão econômica, por exemplo, achando que se tivermos uma vida equilibrada nas finanças tudo vai dar certo na vida, vou ficar bem, a família será assistida a contento etc. Naturalmente é importante ter finanças sadias e ter condições dignas de vida, mas a vida, como se sabe, não se reduz a isso. Não temos só problemas econômicos na vida. Temos questões de outras ordens, como a saúde mental, afetiva, amical, comunitária etc. São todas situações que acabam influenciando profundamente também no comportamento do ministro.

Um ministro ou ministra que vivem em estado constante de tensão dentro do casamento, ou que tenham uma situação familiar conturbada que leva a uma crise constante, sofrem uma influência profunda não só em sua dimensão pessoal, como também em seu comportamento dentro do próprio ministério e da comunidade paroquial. Imaginem um pai ou mãe que não cumprem sua missão de paternidade ou de maternidade: quais valores poderiam agregar na comunidade? Esses problemas afetam o "ego" do ministro; ele não consegue ser luz e dar passos para frente. Parece que fica "empatando" o tempo todo e acaba, por fim, se sentindo mal.

4.1 O ministro na rede social

Esse é um capítulo que mereceria mais tinta! Expor-se nas mídias é, certamente, o grande aliado da vaidade de alguns ministros. Entretanto, é preciso logo dizer que um relacionamento positivo nas redes é algo positivo, envolvendo relações satisfatórias e saudáveis com o parceiro, familiares e amigos. Ter amigos, poder contar com eles e estar à disposição deles, é importante não somente para si mesmo, mas também para as outras pessoas. Não deixar de ser, de algum modo, algo na linha de um testemunho.

Ninguém é proibido em estar em uma rede social, mas é importante que haja sempre uma cautela necessária tanto no que diz respeito à esfera pessoal, quanto na esfera pública. Se é verdade que as relações familiares ou as relações de trabalho podem ser afetadas pelas redes sociais, o mesmo vale para o exercício do ministério, que certamente contém uma dimensão pública. Portanto, faz-se necessário um tornar-se atento e consciente das próprias emoções, sentimentos, sensações, necessidades corporais e psíquicas; relacionar-se respeitosa e amorosamente consigo mesmo e com os outros. Estes são os principais cuidados de um ministro.

Por vezes, alguns acabam extrapolando suas emoções, seus relacionamentos familiares e com amigos colocando tudo na rede. A rede é uma aliada, mas é também um grande perigo quando não bem utilizada pelo internauta. Na ânsia de nos projetarmos podemos não só estragar a nossa imagem, como também a da Igreja, provocando escândalos e divisões.

Qual impacto a rede social exerce em sua autoestima? Por vezes, desejamos mostrar aos outros a nossa família, tomando-a até como exemplar. Não hesitamos em divulgar algum momento de confraternização, algum momento mais reservado. Em princípio tudo bem, mas acontece que não é raro vermos exposições descabidas. Por vezes, são apresentadas nas redes famílias que não "existem", isto é, famílias de "comercial de margarina". Isso pode ser aplicado também às pessoas individualmente: muitas querem ostentar uma imagem que não é condizente com a realidade que a pessoa vive!

Somos cotidianamente bombardeados com publicações positivas das redes sociais. Daí resulta que acabamos por comparar a nossa vida cheia de defeitos com a vida "perfeita" de perfis virtuais ou dos chamados "influenciadores" da internet. Aí vem a tentação de reproduzir a mesma sensação nos meios virtuais por meio de imagens que transmitam a ideia de sucesso, felicidade etc.

Na rede só aparecem belezas! Quantas pessoas não tiram dezenas de *selfies*, fazendo variações de poses até chegar na "foto perfeita" que, na visão dessa pessoa, causará um "efeito" na rede. Hoje usa-se até mesmo o termo "lacração" como forma de indicar um "estar por cima". Expomos fotos, vídeos e pensamentos esperando receber uma "curtida", um "compartilhar", um "joinha". A situação é tal, que chegamos a ficar tristes se vemos que não conquistamos um certo número dessas manifestações... Somos assim por quê? É que, em geral, precisamos da aprovação das pessoas. No caso virtual essa necessidade é tão inflacionada que a aprovação, mesmo daquelas pessoas que não vemos frequentemente, passa a ser essencial para que sintamos que nossa vida é emocionante.

Também no caso do ministro, ele poderá se sentir lisonjeado através daquela determinada publicação e número de "curtidas". A verdade é que tudo isso pode impactar significativamente nossa autoestima. Apesar de às vezes não estarmos completamente conscientes disso, há muitos fatores que devem ser considerados para evitar problemas de autoestima associados ao uso excessivo das novas tecnologias.

O ministro distraído poderá criar uma autoimagem que não existe, e a coisa fica ainda mais séria quando há uma exposição da família com aquelas frases e fotos convidativas à admiração, como sendo ele/a, ministro/a, o modelo de pai/mãe, de cristão etc. Há muitos perigos embutidos nessas manifestações. É preciso atenção.

Em primeiro lugar é necessário fazer atenção e ter cuidado com informações pessoais. Existem pessoas que têm o péssimo hábito de postar cada detalhe da sua vida pessoal e familiar nas redes sociais. Infelizmente há sempre uma ou outra notícia nos jornais relatando algum tipo de golpe que a pessoa sofreu por ter divulgado suas informações na internet. Além desses problemas há outros relacionados ao testemunho cristão: não curta páginas com mensagens que vão contra o Evangelho! Evite publicar fotos constrangedoras, como por exemplo, com copos ou garrafas e bebida alcoólica ou coisas semelhantes: isso pode passar uma imagem não educativa, dando a entender, eventualmente, que o alcoolismo ou certos vícios poderiam ser coisas boas. Também há que ser cuidado com a própria imagem, com o pudor: certas fotos em alguma piscina, com certas poses, ou mesmo em uma academia, ou fazendo compras, dando presentes... Há centenas de situações em que é preciso zelar pela própria imagem e pelas imagens dos outros: não exponha, por exemplo, familiares ou amigos em situações ridículas; tenha cuidado em compartilhar fotos de caráter mais íntimo, como um beijo entre um casal; tenha também o cuidado de não "ostentar":

carros, motos, casas, bens materiais... podem ser coisas boas, mas também podem gerar uma mensagem de que a felicidade depende exclusivamente de ter essas coisas... isso é contra o Evangelho! Por fim, todos nós temos o direito de exercer nossa cidadania e nossas opiniões sobre os mais variados assuntos, inclusive a política... Nestes últimos tempos: quantas famílias desfeitas e quantas amizades perdidas por discussões, por vezes sem fundamentação, por causa da política partidária... Devemos lembrar que Jesus disse que ele é o Caminho, a Verdade e a Vida: nós cristãos devemos ter imenso cuidado: não estamos autorizados a ir contra a verdade, não podemos espalhar *fakenews* como se nada fosse; não podemos apoiar posições que atentem contra a vida: não aconteça que em nossas atitudes nos coloquemos contra o próprio Cristo.

Vejam como é necessário ser prudentes no uso desses meios de comunicação!

Não é preciso se expor tanto, não é necessário ficar mostrando tudo o que você tem e faz de bom em sua vida. A modéstia é uma virtude. Você pode guardar para si e aproveitar mais aquele bem ou aquele momento. Quantas vezes perdemos tempo em busca da foto perfeita e não damos o devido valor para a situação real que está acontecendo. Efetivamente estamos diante de uma situação que pode se configurar como uma idolatria: a internet hoje rouba tanto de nós a ponto de se transformar numa espécie de deus que é seguido na esperança de seus "fiéis" obterem a felicidade fácil.

Antes de terminar, estes parágrafos, para ser igualmente justo, valeria dizer alguma palavra também sobre a situação daqueles ministros que não tem nenhuma inserção nas redes sociais. Há várias causas que podem levar uma pessoa a não ter engajamento nas redes. Embora haja inúmeros desafios e problemas, como acenamos no texto acima, inegavelmente as redes representam também um avanço e um benefício. Em pleno século XXI é muito desejável que um agente de pastoral tenha também uma inserção das redes sociais, desde que observados alguns critérios que procuramos ilustrar. Embora haja muitos motivos pelos quais uma pessoa não entre nas redes sociais – dificuldades econômicas, técnicas (há ainda regiões no Brasil em que não há sinal disponível), doenças etc. – um desinteresse pelas redes por parte dos ministros pode denotar também uma falta na caminhada de fé: mesmo diante das dificuldades apresentadas, é preciso ter um olhar de fé, esperança e caridade e avançar nessas "águas mais profundas" (cf. Lc 5,4), para podermos dar testemunho da Palavra. Sempre que for possível, o ministro deve interagir nas redes sociais visando a evangelização. Encontramos, na internet, muitas coisas boas e de muita serventia à evangelização; encontramos conteúdos de estudo e de indicações formativas com alta qualidade pessoal e pastoral; podemos até mesmo nos encontrar via *on-line* com encontros e reuniões virtuais (as *lives*).

A inteligência artificial, embora possa apresentar vários desafios e temores, está à nossa disposição como forma também de melhorar a comunicação entre os ministros. Só para informar: somos o povo que mais tempo passa conectado nas redes sociais; ficamos quase que 30 horas conectados, por semana![8]. E isso independentemente da religião, das convicções políticas e culturais.

Não podemos ficar indiferentes a essa realidade. É preciso que tomemos parte, mas não como meros consumidores de conteúdo, ou como meros "peixinhos"

---

8. Cf. <https://www.redebrasilatual.com.br/blogs/blog-na-rede/pesquisa-revela-que-brasileiros-estao-entre-os-que-gastam- mais-tempo-nas-redes-sociais/>, acesso 02 de fevereiro de 2024.

que seguem a direção de um imenso cardume. Como Jesus já nos advertiu: necessitamos ser sal, luz e fermento também nesses meios modernos de comunicação.

4.2 A vida cristã do ministro

Neste parágrafo vamos dar uma espiada na vida cristã e espiritual do Ministro Extraordinário da Sagrada Comunhão[9].

Vamos apresentar alguns pontos que são importantes à dinâmica da vida cristã; faremos algumas indicações e, depois, o ministro – pessoalmente ou em grupo – poderá completar os temas abordados. Vamos nos interessar por quatro tópicos iniciais.

---

9. Nesse sentido há um bom material produzido pela Diocese de Santos (SP), trata-se do escrito intitulado *Orientações para o ministério extraordinário da Sagrada comunhão*, Diocese de Santos, s. e., 2016. Cada Diocese acaba por fazer as suas normas de orientação aos novos candidatos. Cf. também IUBEL, Pe. Cristóvam. *Manual dos ministros extraordinários da Sagrada Comunhão e das Exéquias*, Guarapuava (PR), Editora Pão e Vinho, 2017. De modo geral as editoras católicas se interessam pelo assunto da formação dos ministros e oferecem bons materiais para a reflexão formativa dos ministros.

1) *A Palavra de Deus*: Uma primeira descoberta, na sua espiritualidade, será a da Palavra de Deus. O ministro deve ler diariamente a Palavra de Deus e não deixar, sem razão justificável, de o fazer. A Palavra nutre a vida de fé e a espiritualidade. É a Palavra que prepara para a recepção da Sagrada Comunhão.

   Essa deve ser uma exigência e com insistência para se confirmar a prática, pois o católico não tem o hábito acentuado da leitura da Palavra de Deus.

   * *Conferindo a sua importância*: "Toda Escritura inspirada por Deus e útil para ensinar, convencer, corrigir e educar na justiça, para que o homem de Deus seja perfeito, capacitado para qualquer boa obra" (2Tm 3,16-17; cf. também: Hb 3,12; Mt 4,4; Pr 30,5; Jz 1,8; Jr 15,16).

2) *O sacramento da Eucaristia*: O sacramento da Eucaristia é o centro da vida cristã. O ministro extraordinário da Sagrada Comunhão participa conscientemente desse sacramento. Empenha-se em aprofundar o seu conhecimento sobre o significado da Eucaristia.

Além da celebração dominical, sempre que pode, participa da celebração durante a semana, mesmo que não esteja servindo ao altar. Às vezes encontramos ministros que só vão à missa se for para servir ao altar. A visita ao Santíssimo Sacramento é recomendada para o cultivo da intimidade com Jesus Cristo.

Para alimentar o crescimento espiritual pessoal e comunitário dos Ministros Extraordinários da Sagrada Comunhão, recomenda-se que, mensalmente, se reúnam para um momento de oração e adoração ao Santíssimo Sacramento.

> * *Conferindo a sua importância*: O Catecismo da Igreja Católica (CIC), diz: "A Eucaristia é o coração e o ápice da vida da Igreja, pois nela Cristo associa sua Igreja e todos os seus membros a seu sacrifício de louvor e de ação de graças oferecido uma vez por todas na cruz a seu Pai: por seu sacrifício ele derrama as graças da salvação sobre o seu corpo, que é a Igreja" (CIC 1407; cf. também: CIC 1410 e 1Cor 11,23-26).

3) *Testemunho de vida*: O ministro deve testemunhar a pessoa de Jesus Cristo por meio de sua conduta

humana e cristã. O exemplo de vida é importante e necessário. Por isso, o ministro tem sempre em mente as seguintes palavras de Jesus: "Vós sois o sal da terra, sois a luz do mundo" (cf. Mt 5,13-16).

O ministro participa da caminhada da Igreja, deve ser membro ativo da comunidade eclesial missionária, estando inserido na caminhada dessa comunidade. "Os melhores esforços das paróquias precisam estar voltados à convocação e à formação de leigos das comunidades, especialmente seus ministros" (Doc. CNBB – 100, 308).

* *Conferindo a sua importância*: "Quem crê no Filho de Deus, tem nele mesmo o testemunho. Quem não crê em Deus, faz dele um mentiroso, porque não crê no testemunho que Deus deu de seu Filho" (1Jo 5,10; cf. também: Jo 8,14; Fp 1,27-30; At 1,8).

4) *Espiritualidade*: O ministro deve buscar construir uma sólida vida espiritual que permita uma intimidade com Deus. Poderá fazer isso mediante a oração, caridade, dízimo, retiros, leituras espirituais, sacramentos e meditações. A espiritualidade eucarística tem a perspectiva de criar e estar em

comunhão com Cristo, com os irmãos e com a comunidade eclesial. A vida espiritual favorece o equilíbrio entre contemplação e ação.

A espiritualidade do ministro deve estar em sintonia com a espiritualidade proposta pela Igreja. A espiritualidade cristã não é intimista e subjetivista. A espiritualidade leva ao encontro com Deus, consigo mesmo e com o outro.

O ministro deve se cuidar para não levar para o ministério apenas a visão de seu movimento ou comunidade de pertença. Encontramos, aqui e acolá, algumas deformações. Ter cuidado é sempre oportuno e inteligente. A missa não é propriedade de um movimento ou de uma comunidade particular. Na liturgia, somos todos membros da mesma Igreja e não temos obrigação de suportar certos modismos e/ou desmandos que vem acontecendo. Alguns ultimamente tem imposto maneiras de se comportar na missa baseadas no gosto pessoal ou na visão de determinado grupo particular. O ministro deve saber fazer escolhas acertadas para não misturar as coisas. Nesse sentido, é importantíssimo conhecer os livros litúrgicos e ler suas introduções, como forma de zelar pelo direito de cada fiel tem de ter acesso à liturgia bem celebrada, segundo o desejo da Igreja.

* *Conferindo a sua importância*: Em 1 Coríntios 13, conseguimos entender a descrição que Paulo faz acerca da espiritualidade eucarística. Então, podemos dizer, também, que a espiritualidade é o meio pelo qual a pessoa cristã pode alcançar uma maior aderência de vida ao Filho de Deus (cf. Ef 4,13; Tt 1,13; Lc 10,25-37; Jo 3).

PARA REFLETIR:

1. Vamos conferir as oito características do ministro. Podemos destacar uma ou mais como essenciais para a vivência na comunidade paroquial?

2. O ministro na rede social. Existe essa explosão de necessidade de se "mostrar" a todo tempo, de dizer o que está fazendo, expondo tudo e todos? Isso fica bem ou não? A comunidade tem falado alguma coisa?

3. Como está a vida cristã do ministro? Há procura dos sacramentos, do aconselhamento e do cuidado pastoral?

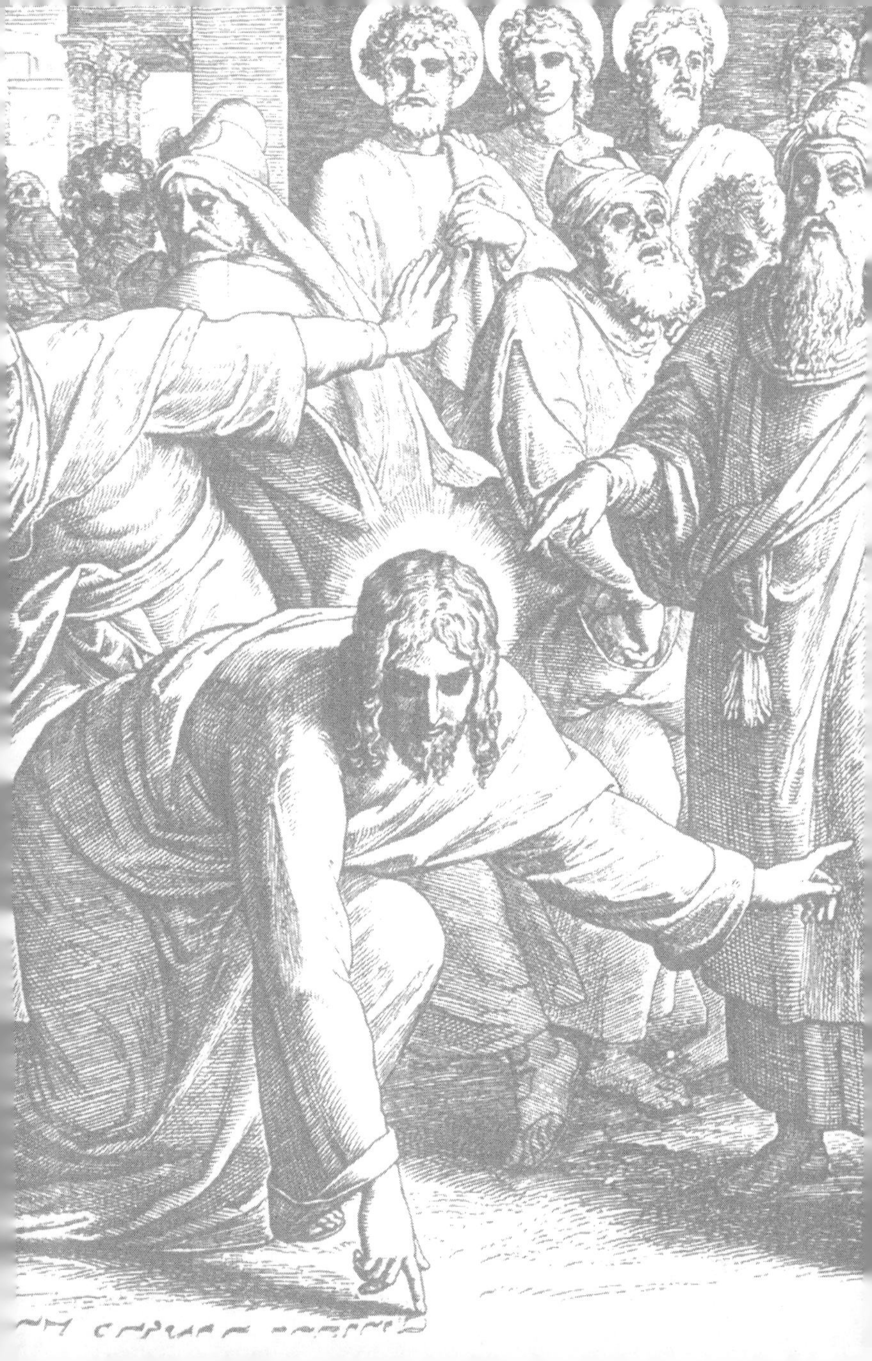

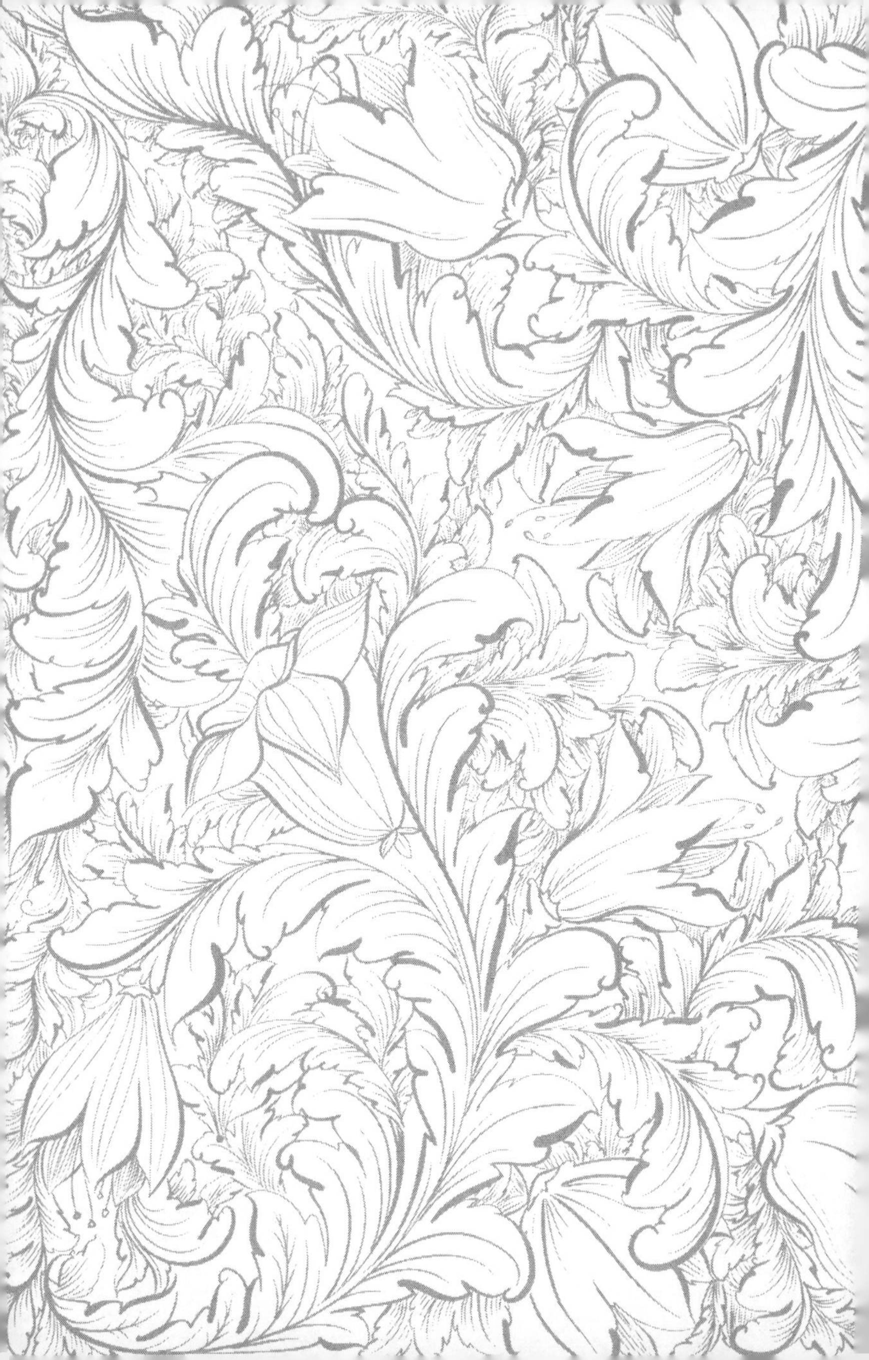

5 A FORMAÇÃO DA PESSOA DO MINISTRO A SER ESCOLHIDO

O papa Francisco insiste na revisão da formação de seminaristas e de leigos, especialmente no Brasil: "É preciso ter a coragem de levar a fundo uma revisão das estruturas de formação... A situação atual exige uma formação qualificada em todos os níveis"[1].

É preciso formar discípulos missionários. Não é um "cursinho" que vai resolver a carência de ministros qualificados: é preciso que haja leigos formados na escola de Jesus, nesse

---

1. Papa Francisco, *Visita Apostólica do papa Francisco ao Brasil por ocasião da XXVIII Jornada Mundial da Juventude, Discurso ao Episcopado Brasileiro*, 27 de julho de 2013.

sentido, os ministros precisam estar bem preparados com "a devida formação para o cumprimento adequado da função a eles confiada"[2].

Certamente, esse é o ponto mais crítico na escolha e preparação do ministro. A formação depende de conteúdos catequéticos e evangelizadores para a formação de ministros à altura das necessidades de uma "Igreja em saída", segundo as várias normas dos documentos que tratam da questão da formação emanados pela Santa Sé, pelas Conferências Episcopais na América Latina (Medellín, Aparecida etc.) e pela Conferência dos Bispos no Brasil, nesse caso, chamamos a atenção, em particular, para as *Diretrizes Gerais da Ação Evangelizadora da Igreja no Brasil* (p. ex. 2015-2019 / 2019-2023).

No segundo momento, o tipo de pessoa que deve ser convidada para o ministério. Quantos preenchem as características necessárias? Alguns dizem: se escolher demais não se encontrará ninguém! Mas a verdade é que sem critério algum, é possível fazer um mal tremendo para a pessoa e para a comunidade.

---

2. Papa João Paulo II, *Instrução Acerca de algumas questões sobre a colaboração dos fiéis leigos no sagrado ministério dos sacerdotes*, 1997, n. 13.

A modesta lista abaixo visa oferecer alguns indícios, alguns aspectos para exemplificar ajudar a formular algumas características, como por exemplo:

- Ser um cristão humano e misericordioso;
- Alguém que deseja somar e buscar sempre a unidade na vida paroquial;
- Ter uma vida espiritual com alta densidade. Não basta ser piedoso e religioso, tem que ser uma pessoa inserida na comunidade;
- Ser Ministro Extraordinário da Sagrada Comunhão (MESC) como vocação e chamado para exercer o ministério: isso não se improvisa; não se deve simplesmente "ocupar" um lugar;
- Ser um ministro cuidadoso com o asseio, higiene e outros cuidados pessoais;
- Ser promotor de uma espiritualidade encarnada: ter atenção para com a dimensão social na paróquia;
- Ser homens e mulheres disponíveis ao Reino e dispostos a assumirem o compromisso de forma integral;
- Ter participação das atividades na comunidade e não ser pessoas isoladas e/ou desvinculadas da comunidade;

- Ter uma vida comunitária e familiar com harmonia plena;
- Ter a esposa/marido como companheiro/a de jornada e assumindo a mesma vocação;
- Lembrar que os filhos ausentes e não participantes podem ser um empecilho à missão/testemunho de quem vai assumir esse ministério;
- Estar disposto ir aos encontros das famílias dos ministros e demais reuniões que envolvam o exercício do ministério;
- Ser homem/mulher vocacionados ao ministério. Não é um "quebra-galho" ou simples distribuidor de comunhão na missa;
- Ter alegria em prestar o serviço de evangelização: tudo por feito por amor;
- Ter clareza sobre a missão do MESC e da pastoral da saúde como ministério de caridade pastoral;
- Estar dispostos/disponíveis para os momentos de espiritualidade entre eles (retiros, dias de oração, leitura orante da Bíblia e etc.);
- Ter o hábito da oração cotidiana; aqui seria muito bom se pudesse ter lugar todos os dias a oração comunitária da Liturgia das Horas na paróquia com a participação dos ministros;

- Ser pessoa inserida na pastoral ou setor-missão da comunidade.
- Ser comprometido como agente de pastoral;
- Ser dizimista modelo de fidelidade sem comparação;
- Refletir sobre aqueles que desistiram do ministério e estimular uma "pastoral de retorno" à participação na comunidade daqueles que se afastaram;
- Estar disponível às reuniões de formação e informação de acordo com o calendário paroquial;
- Exercer a solidariedade familiar entre ministros: combater a indiferença, fazer visitas, exéquias, visita os doentes, participar nos setores e outros espaços onde for convidado;
- "Três pecados do MESC: irresponsabilidade, quebra-galho e indiferença às obrigações/propostas do seu ministério";
- MESC: testemunho de vida cristã: é o exemplo de vida que atrai e converte as pessoas;
- Organizar mecanismos de investimento nas pessoas: pagar cursos e apoiar nas iniciativas de formação das pessoas para o serviço ao Reino;
- Ser uma pessoa que defenda os princípios da Doutrina Social da Igreja e de acordo com as propostas das *Diretrizes* da CNBB;

- Acima de tudo, ter aquelas qualidades inerente ao evangelho; instruído na fé, ou seja, que tenha feito o processo de iniciação à vida cristã;
- Ser amigo e companheiro dos membros da comunidade;
- Não ser demasiado jovem ou demasiado idoso, sem engajamento na pastoral e/ou sem mobilidade
- Não ser "novo convertido" e imaturo na vida cristã;
- Ter habilidade nas coisas necessárias para a celebração da liturgia e ter gosto em "estar com os irmãos" e ser interessado nos estudos de liturgia;
- Ser uma pessoa misericordiosa e não ter envolvimentos com questões de inimizades entre os familiares, vizinhos e outros;
- Ser alguém que busque a santidade (as principais características de quem deseja ser santo é a obediência e a fidelidade a Deus. O apóstolo Paulo, por exemplo, chamava de santos a todos os irmãos em Cristo, mesmo não sendo eles perfeitos [cf. 1Cor 1,2 e 3,1-3]);
- Ser justo e pagar seus débitos em ordem, mesmo os mais antigos e esquecidos. Aquele que não é fiel na administração não poderá ser indicado para o exercício do ministério;

- Ter sensibilidade para as questões sociais e políticas exercendo um justo discernimento e evitando as questões que poderiam dividir a comunidade;
- Não ter "ídolos" evangélicos, ou seja, pregadores especiais ou "padres de estimação" nas redes sociais no sentido que o ministro deve estar aberto e ser sensível para as questões locais da própria comunidade, sem querer impor as modas do momento veiculadas por pessoas e/ou movimentos, especialmente quando estes se colocam contra os bispos e o papa;
- Avaliar se é conveniente aceitar um candidato que esteja envolvido na política partidária; se estiver, não deve em hipótese alguma instrumentalizar o ministério em favor próprio ou em favor das ideologias do momento;
- Não deve ser participante de movimentos alheios à fé católica, mas inserido na caminhada diocesana;
- Deve ser humilde, mas não ingênuo;
- Deve ser, por quanto possível, pessoa que goste de ler e estudar, principalmente os documentos da Igreja (Catecismo, documentos da Doutrina Social da Igreja, livros especializados etc).

> "Os ministros extraordinários da comunhão devem ser escolhidos entre a comunidade cristã respectiva e devem ser pessoas idôneas e com boa prática cristã. Na maior parte das dioceses, os candidatos, antes de assumirem as suas funções, recebem uma formação litúrgica e doutrinal que lhes permita exercer a sua função com a máxima dignidade e decoro"[3].

Necessitamos mais do que pessoas que simplesmente distribuam a Eucaristia; precisamos de pessoas cheias de virtude e de vocação à vida cristã. O ministro não pode ser um defensor fanático de movimentos particulares; ele está a serviço da comunidade como um todo.

Homem e mulher abertos às novidades da Igreja e do mundo; interessado na formação e de informação com leituras dos documentos do magistério e promotor da formação na comunidade e setores onde está inserido.

---

3. Schmidt, G. *Ministros Extraordinários da Sagrada Comunhão*, disponível em: <https://www.vaticannews.va/pt/vaticano/news/2020-10/ministros-extraordinarios-da-sagrada-comunhao-pe-gerson-schmidt.html>, acesso 02 de fevereiro de 2024.

5.1 O ministro evangelizador e os desafios

Vamos chamar a atenção à pessoa do ministro como um sujeito de evangelização. A base de tudo repousa sobre o sacramento do batismo. A pessoa batizada, que quer viver sua fé e, de modo particular, quer exercer um ministério que seja evangelizador, deve ter presente a atitude de um verdadeiro evangelista, que procura seguir os mesmos passos de Jesus. Nesse sentido, voltando ao aspecto formativo dos ministros, essa é uma questão básica para a instrução dos novos ministros. Lembrando que "novos" não são apenas os candidatos que irão receber o ministério, mas "novos" também no sentido dos ministros que já exercem seu cargo mas de uma maneira sempre renovada, atualizada.

Sem delongas imaginamos que Jesus é o grande mestre na abordagem da evangelização pessoal. Sem dúvida alguma, Jesus é o mestre por excelência em tudo. Como os evangelhos reproduzem: "Cheios até ao máximo de admiração, diziam: 'Ele tem feito bem todas as coisas! Faz os surdos ouvirem e os mudos falarem!'" (Mc 7,37).

Que o ministro seja um comunicador. Abordar é chegar à beira, à borda; é um aproximar-se de alguém;

é tratar de determinado assunto. Abordagem é o termo utilizado para caracterizar um tipo de aproximação, seja entre pessoas ou coisas.

Alguns exemplos de abordagem na vida de Jesus.
- A mulher samaritana (Jo 4)
- O jovem rico (Mc 10,17-21)
- Nicodemos (Jo 3)
- Zaqueu (Lc 19,1-10)

Examinando os diversos encontros pessoais de Jesus com várias pessoas, podemos notar algumas características. Vemos que Jesus tinha um modo peculiar de abordar as pessoas e que devemos aprender dele essas características que devem marcar também a nossa forma de abordagem.

De forma resumida[4] podemos ver, em Mateus, pelo menos *três grupos* específicos com quem Jesus, frequentemente, encontrou-se e, um último grupo,

---

4. Estas ideias reproduzidas abaixo se encontram no artigo "Como Jesus evangelizava?", disponível em: <https://www.ultimato.com.br/conteudo/como-jesus-evangelizava>, acesso 02 de fevereiro de 2024.

que chamamos de "multidões", pois, na verdade, é um misto de diversos grupos.

A maior parte dos diálogos de Jesus foi com os discípulos. O *segundo* grupo com quem Jesus mais conversou foram os religiosos – fariseus, saduceus, principais da sinagoga, entre outros – e, o *terceiro* grupo, foram os enfermos, dentre estes, alguns estrangeiros. Ao observar esses encontros vemos como a atitude de Jesus para com cada grupo era bem distinta.

Vamos esmiuçar alguns pontos para entender melhor o modo de Jesus abordar as pessoas e como ele as tratava e se relacionava com elas. As pessoas acorriam para Jesus, de certo, não somente devido aos milagres que ele operava, mas também devido a sua pessoa carismática, a sua postura e ensinamento. Alguns textos nos evangelhos mencionam que sua autoridade era reconhecida pelo povo. Vamos agora abordar algumas notas:

1. Jesus demonstrava compaixão pelo abordado

- Ele parava e dava atenção a um homem rejeitado, como o endemoninhado de Gerasa (Mc 5); a um jovem rico, tendo olhado com amor (Mc 10,21); Jesus era capaz de olhar para dentro da pessoa e ver, antes de tudo, o seu coração, sua situação de pecado (Mc 2,5).

- Ver o pecado da pessoa e sua condição de salvação deve ser a primeira atitude de um evangelista (misericórdia). Na maioria das vezes nos preocupamos mais com o pecado e nos esquecemos da pessoa do pecador.
- Ao se fazer uma abordagem tem que se demonstrar e interessar pela salvação da pessoa. Certamente, é um dos desafios na evangelização.
- O ministro que a comunidade necessita deve ter essas características ou, pelo menos, deve estar disposto a buscá-las.

2. Jesus não tinha preconceitos

Em nossa concepção, por ser puro e divino, era de se esperar que Jesus rejeitasse certas pessoas; mesmo em sua dimensão humana, Jesus tinha motivações religiosas e conceituais que poderiam levá-lo à rejeitar certas pessoas. Mas, de fato, ele não agia assim (Cf., por exemplo, Jo 8,10-11. "...ninguém te condenou?... v.10).

Notemos que muitos cristãos evitam falar com certas pessoas, consideradas pecadoras: tais como prostitutas, viciados, homossexuais, mendigos e outros. "O preconceito está mais relacionado ao sistema de valores do sujeito do que às características de fato do seu objeto"[5]. Quando fazemos uma abordagem temos de estar preparados para qualquer tipo de pessoa e eventuais pecados que esta venha ter, isso não pode nos causar espanto, mas devemos aceitar tais pessoas como elas são, e anunciar-lhes o evangelho que pode mudar sua vida.

Jesus era um homem livre e sua liberdade dava a entender sua autonomia de amar os mais necessitados, chegando até mesmo a dizer que não eram os saudáveis que tinham necessidade de médico, mas os doentes. Lembrava também a todos que ele não tinha vindo em busca dos justos, mas dos pecadores (cf. Mc 2,17).

Ao anunciar o evangelho, não devemos fazer escolhas particulares (anunciar apenas para este ou aquele) ou que nos convenham (falar apenas para amigos, por exemplo). Vamos onde as pessoas estão e precisam e não temos preferências especiais. O ministro, ao

---

5. Cf. <https://www.infoescola.com/sociologia/preconceito/#google_vignette>, acesso em 02 de fevereiro de 2024.

cuidar de uma comunidade eclesial missionária, decerto encontrará todo tipo de pessoas. A sua única escolha é aceitar o convite de Jesus de forma livre e se pôr a evangelizar!

3. Jesus ia onde a pessoa estava

Esse ponto é desafiador na pessoa do ministro que se põe ao serviço da Igreja. Jesus não tinha um templo para convidar as pessoas a virem até ele, a fim de que elas pudessem ouvir sua mensagem. Vemos que era ele quem costumava ir às pessoas. Ele ia ao seu encontro, em seu próprio contexto de vida. Poderia ser na planície, no jardim, na montanha, na casa etc. É tendo presente esses exemplos ofertados por Jesus que o papa Francisco nos interroga sobre a necessidade de sermos uma "Igreja em saída".

- Ele foi à beira de um poço (Jo 4,5-42).
- Ele veio do céu para nos buscar (Lc 19,10).
- Jesus foi à beira do mar para pregar (Mc 4,1).
- Foi na casa de Zaqueu (Lc 19,1-10).
- De sorte que o seguiam grandes multidões da Galileia, de Decápolis, de Jerusalém, da Judéia, e do outro lado do Jordão (cf. Mt 4,23-25).

- Jesus, pois, vendo as multidões, subiu ao monte; e, tendo se assentado, aproximaram-se os seus discípulos (Mt 5,1).
- Na casa de Pedro, ele viu sua sogra de cama, com febre. Tocou-lhe a mão, e a febre a deixou; ela então se pôs de pé e começou a servi-lo (Mt 8,14-15).

Para fazer uma abordagem é preciso ir ao pecador, em vez de esperarmos que ele venha a nós. É nesse sentido que a Igreja nos propõe o conceito de "uma Igreja em saída", como forma de orientar sobre essa necessidade pastoral[6].

O que é uma Igreja em saída?

Trata-se de uma Igreja que toma a iniciativa, sem medo de ir ao encontro dos afastados, de chegar às encruzilhadas dos caminhos para convidar os excluídos (cf. EG 24). É um convite especial à passagem de uma Igreja autorreferencial, centrada em si mesma, a uma Igreja aberta à alteridade, porque "quem deseja viver com dignidade e em plenitude não tem outro

---

6. Cf. o Documento 102 da CNBB a esse propósito: CNBB, *Diretrizes Gerais da Ação Evangelizadora da Igreja no Brasil (2015-2019)*, Brasília, CNBB, 2015.

caminho senão reconhecer o outro e buscar o seu bem" (EG 9). Isso significa dizer que "a Igreja não é um 'para si', mas um 'para os outros'" [7].

4. A sabedoria de Jesus: sabia como iniciar uma conversa

Às vezes ficamos ensaiando sobre como começar o diálogo com alguém; alguns falam em estratégia de abordagem. Jesus, por outro lado, começava exatamente onde a pessoa estava.

Com Nicodemos, por exemplo, ele partiu de sua própria pergunta e conduziu-o a um dos mais profundos assuntos da vida eterna (cf. Jo 3,1-21). Com Zaqueu, fez questão de ir à sua casa, descansar e conversar sobre seu problema (cf. Lc 19,1-10). Jesus era prático na relação de abordagem. Não precisava ensaiar; partiu da mesma pergunta e interesse do seu interlocutor.

Quando fazemos uma abordagem, temos de tomar alguns cuidados. Ao iniciarmos uma conversa é preciso ter o mesmo olhar misericordioso de Jesus.

---

7. Apud: DANTAS, Erivaldo ssp, *Por uma Igreja em saída*, Revista Vida Pastoral (jan./fev. 2020), ano 61, número 331, 30-37. Trata-se de uma reflexão sobre a necessidade de acolher que vem a calhar.

Hoje, muitos cristãos e, até padres e pastores, já começam a evangelizar condenando os vícios da pessoa, ou a moda, ou o adultério: não é assim que se trabalha uma abordagem evangelizadora. Todos os erros da pessoa serão notados por Deus e, a nós, só compete ser o canal para que o Espírito Santo convença a pessoa de sua situação e entenda que Jesus pode mudar sua vida (devemos usar a palavra de Deus e não o que nós achamos certo ou errado; é a palavra que liberta e não o juízo humano, muitas vezes injusto).

5. *Jesus era decisivo na sua conversa*

Jesus não usava meias palavras; ele só falava a verdade e com simplicidade. Na maioria das vezes, deseja-se agradar as pessoas com medo de ofendê-las. Isso é corriqueiro, por exemplo, em muitas homilias planejadas e fechadas demais para não provocar discórdias e descontentamento entre as pessoas. A maioria das pregações é para "enfeitar" o arsenal religioso das pessoas.

Observação: Se a pessoa que está ouvindo não conhece nada da fé cristã ou não teve a oportunidade de ter acesso aos princípios de iniciação à vida cristã, não adianta nada você conhecer muito e querer mostrar sabedoria: a pessoa tem de fazer a caminhada de vida cristã para entender o suficiente.

Ao se encontrar com as pessoas, Jesus as cura, ensina, responde perguntas e começa uma conversa. Por meio desses encontros e dos diálogos que são travados podemos perceber a atitude e interesse de Jesus pelas pessoas. Mas, ao contrário do que se possa imaginar, Jesus não tem um discurso pronto adotado para toda e qualquer situação.

O trato de Jesus com os fariseus era incisivo e decisivo (cf. Mt 12; 13,3-9; 15,3-9; 23,13-36), chegando mesmo a condenar aberta e claramente a hipocrisia dos fariseus e dos mestres da Lei (cf. Mt 23).

Nessa abordagem de evangelização aparece o *querigma*, ou seja, o anúncio vivo da salvação. E pensar que muitas vezes, as pessoas saem para evangelizar, mas com perguntas e textos preparados com antecedência... Às vezes isso pode ser um problema: queremos transformar em uma aula, algo que diz respeito à vida. Não é possível "encapsular" a vida...

6. *Jesus sentia a urgência da salvação*

A tarefa da Igreja é, com certeza, proclamar a salvação. Para Jesus, ele tinha tempo contado para alcançar a todos, trabalhou intensamente; o trabalho de evangelização não é um trabalho de um dia, temos que estar preparados para abordar uma pessoa a qualquer instante. A cada minuto morrem muitas pessoas no mundo. Uma delas pode estar perto de nós, e partir para a eternidade sem salvação.

Olhe agora em sua volta e veja o seu "alvo"; pode ser que agora você esteja lendo este livro dentro de sua casa; olhe o seu irmão: pode ser o seu "alvo"; de repente você está no ônibus e olha o "alvo" aí... Há inúmeras ocasiões em que se pode dirigir uma boa palavra, uma presença amiga, enfim, um anúncio de salvação.

Quem você deseja salvar ou evangelizar? Uma pessoa, duas... Na paróquia existem tantos espaços e bolsões para se evangelizar. Nem precisamos dar muitos passos ou ir à periferia. Ali, mesmo, existem grupos carentes de evangelização: jovens, casais, crianças, idosos, trabalhadores e, para além da paróquia, há prédios, setor comerciário, academias etc.

Podemos ter a certeza: o mundo precisa ouvir a mensagem do evangelho eterno (Ap 14,6) e isso é um bom motivo para se praticar a evangelização. Mas, o que significa evangelizar? Quais as implicações do evangelho? Qual a natureza do mundo contemporâneo?

Como expressar a fé bíblica e cristã neste mundo pós-moderno?

Para nós, e de modo muito resumido, apresento algumas dificuldades e desafios a serem enfrentados pelo evangelizador:

- Uma sociedade *antropocêntrica*. O mundo contemporâneo tem como base a célebre declaração de que "o homem é a medida de todas as coisas". Essa frase coloca o ser humano como um ser diferente de todas as demais coisas no mundo, sendo o ser mais importante. Resumindo: dentro dessa visão não há espaço para Deus, ele é tirado do horizonte e não aparece como origem de todas as coisas, do universo. Há apenas a exaltação da razão ou da racionalidade como uma propriedade humana.
- Uma sociedade *relativista*. Não existem absolutos. Todos nós temos nossas próprias verdades. Apenas observem o que as pessoas postam em suas redes sociais. O relativismo entende que não há nenhuma verdade absoluta, nem no âmbito moral e nem no campo cultural. Por isso, propõe uma abordagem cultural e moral sem julgamentos pré-concebidos. É um dos maiores desafios na procura por

novos ministros: encontrar candidatos que estão inseridos no projeto do evangelho, que creem em uma verdade absoluta (Deus) e não relativa.

- Uma sociedade *materialista*. O materialismo, como o termo deixa entrever, parte do falso princípio de que tudo no universo se reduz à matéria e que nada existe para além desta. Como é difícil lidar com esse tempo e evangelizar onde as pessoas só têm olhares para si, sua família e só. Muita gente passa mais horas pensando nos seus sonhos de consumo do que no que poderia fazer para melhorar como cidadão. Muita gente viaja apenas para fazer compras e não para conhecer novas culturas.
- Uma sociedade *globalizada*. Os homens do mundo contemporâneo sabem que vivem numa aldeia global. O computador – símbolo de pós-modernidade – lhes dá acesso instantâneo ao mundo. Sabe-se de tudo em poucos segundos; as notícias correm velozes e de forma rápida.
- Uma sociedade *secularizada*. A secularização do mundo contemporâneo é o modo como este vive, age e acomoda-se aos padrões impostos pela globalização. Quando se trata de pecado, a preocupação é mínima, e quanto aos mandamentos da lei de Deus, bem, estes praticamente não têm sentido.

- Uma sociedade *permissiva*. A permissividade pessoal, política e social é outra característica dos tempos pós-modernos. Podemos imaginar o *hedonismo* dominante na liberdade e ações das pessoas e etc. que defendem a busca por prazer como finalidade da vida humana. Buscar prazer é o que move as paixões, os desejos e todo o mecanismo da vida. Nesse sentido, tudo seria *permitido*, desde que provoque o prazer.

5.2 Abordagem: o evangelista em ação

Aqui, apenas um cuidado com as palavras. Ouvimos várias expressões: catequista, missionário e, poucas vezes, evangelista ou evangelizador como se isso fosse coisa de "crente" ou de nossos irmãos evangélicos. Como o ministro sai para evangelizar? A começar dentro de sua casa, na sua família, na comunidade em geral. Alguns pontos importantes a partir das Escrituras (aqui, antes da leitura dos pontos abaixo, recomendamos ler o capítulo 8 do livro dos Atos dos Apóstolos).

1. Orientação de Deus para casos específicos (cf. At 8,26-40: Felipe e o etíope). O evangelista precisa viver em proximidade com Deus (vida íntima de oração, jejum, leitura da Palavra e bons livros) para que possa perceber a orientação certa para o seu trabalho.
2. O Espírito Santo sempre dirige o momento certo da abordagem da pessoa a ser alcançada. Mas temos que ter noção dessa ação para não deixar tudo por conta do Espírito. "Aproxima-te e acompanha essa carruagem" (At 8,29). Muitos, sob a ideia de "ação do Espírito" podem se perder em meio a sugestões que, na realidade, não são do Espírito (basta ver a quantidade de sugestões e ideias não muito boas que se pode encontrar nas redes sociais sobre determinado argumento). É preciso também discernimento para permitir que o Espírito nos ajude.
3. O evangelista atento começa a sua abordagem no ponto apropriado. "Filipe logo se aproximou e percebeu que o homem lia o profeta Isaías. E lhe pergunto: 'Por acaso compreendes o que lês?'" (At 8,30).
4. A Bíblia como escritura é sempre o ponto chave para anunciar Jesus. "Percorreis as Escrituras, pensando

ter nelas a vida eterna, mas elas também dão testemunho de mim" (Jo 5,39). Na verdade, poderíamos dizer que Bíblia e Catecismo são imprescindíveis para um anúncio coerente.

5. Abordagem completa – é uma verdadeira evangelização completa, já que culminou com o discipulado, ou seja, o eunuco é ensinado (At 8,36) e há uma integração imediata: ele ouve a Palavra, recebe a catequese e pede o batismo como resposta à evangelização recebida. Eis o arco completo da ação evangelizadora.
6. A abordagem bem-feita resolve o problema do pecador e o torna feliz e realizado. E foi a evangelização que lhe deu essa alegria (At 8,39).

Em geral, apelamos para a evangelização em grupos. Aqui, em Atos, ela se fez de modo personalizado. Parece que nós não temos muita graça em evangelizar com poucas pessoas. Talvez, o costume de vermos igrejas cheias por ocasião das liturgias nos tem tirado o impacto da presencialidade.

A pandemia do COVID-19, certamente, nos permitiu ser mais enfáticos na evangelização: pudemos ver como algumas certezas se desmancham. Parece que o tempo das "vacas gordas", de igrejas cheias, se foi. A forma de evangelizar, de abordar, de acolher, de catequisar necessita de ser repensada em função de um novo tempo para a catequese e para a evangelização.

A maneira como Felipe foi orientado pelo Espírito Santo e o seu procedimento, nesse caso da evangelização pessoal, nos ajudará a elaborar o que vamos chamar de técnica de abordagem no evangelismo pessoal.

Conclusão: "É urgente ir ao encontro daqueles que se afastaram da comunidade ou que a concebem apenas como referência para serviços religiosos..."[8].

5.3 Alguns exemplos de técnicas e métodos de abordagem

O evangelista deve desenvolver a sabedoria de abordar e de acolher. O que se ouve, em geral, é que "vamos deixar que o Espírito dê a orientação". Em princípio é exato, mas como já dito, é preciso que tenhamos o discernimento e que nos preparemos para

---

8. CNBB, *Comunidade de comunidades: uma nova paróquia*, Doc. 100, n. 318, Brasília, CNBB, 2014.

a evangelização. Nem tudo é ação do Espírito Santo. A nossa intervenção se faz necessária e com bastante humildade.

Vamos observar alguns momentos de atuação e como fazer o processo, lembrando sempre que quando dizemos "evangelista" estamos entendendo tanto o catequista quanto o ministro.

- Uma forma pessoal de se aproximar de uma pessoa: cada um tem o seu jeito próprio. O evangelista não pode se dar ao luxo de ser tímido, mas se você é, é hora de começar a se exercitar para vencer a timidez; o treinamento com outra pessoa de sua intimidade pode lhe ajudar muito para conquistar o seu objetivo, você vai conseguir de um jeito muito próprio.
- Saber que cada pessoa, neste mundo, é diferente em seu universo, com seu lastro cultural, com suas crenças, com suas opiniões, com seus melindres e outros. Nós não iremos mudar as pessoas, nós estamos apresentando algo novo para elas e não podemos interferir em suas escolhas. É o evangelho quem as mudará.
- Saber que as pessoas, dependendo da forma como forem abordadas, poderão reagir

negativa ou positivamente ao evangelho, assim, é preciso que o evangelista, antes de tudo, dependa do Espírito Santo e, ao lado disso, desenvolva um conhecimento profundo da natureza humana. Observação: Não feche uma porta pela qual você não conseguiu passar, outros poderão "entrar e cear com ele" (cf. Ap 3,20s).

Lembre-se, como dizem alguns ingenuamente: "O 'não', você já tem!", ou seja, você não tem nada a perder, só a ganhar. Estamos à procura do sim! Você sabe que as pessoas, hoje em dia, são muito ocupadas! Quem está na rua, sempre está com pressa. O tempo é curto. E você não tem muito tempo também. Depois, as pessoas estão "cheias" desse negócio de abordagem, de *marketing* pelo telefone etc. De certa forma, estão "vacinadas" contra esse estilo de abordagens.

As empresas de *telemarketing* (bancos, corretoras de imóveis e financiadoras, seguradoras, empresas de telefonia, escolas de idiomas, planos de saúde etc.) estão em busca de clientes e fazem de tudo para conseguir mais um cliente.

Vamos a alguns passos para o encontro de pessoas no processo de evangelização. O ministro deve estar ciente desse comportamento e fazer uso de algumas técnicas. Aqui, falamos de pessoas e não de objetos de investimento. Sempre teremos um referencial que é Jesus Cristo.

1. Comece de uma motivação natural

Aborde uma pessoa pensando em uma rosa: você pode amassar a flor ou sentir o seu perfume, ou ainda, ferir-se nos seus espinhos. É uma metáfora e, enquanto tal, quer dizer muito.

Portanto, deve-se fazer uma abordagem de tal maneira que não haja nenhum constrangimento ou prejuízo para a sensibilidade da pessoa. Talvez, ter jeito de fazer a pergunta certa à pessoa.

Alguns exemplos do próprio Jesus: "Dá-me de beber" à mulher samaritana (cf. Jo 4). Jesus acertou no ponto chave: ela tinha sede.

2. Comece de onde a pessoa está

A habilidade de começar uma abordagem começando por aquilo que a pessoa está fazendo, falando ou vendo e, então, fazer uma transição para a mensagem evangelizadora, é algo imprescindível em quem quer evangelizar.

Veja o exemplo de Filipe quando viu o eunuco (cf. At 8,26-39).

Há outros elementos que podem contribuir para uma abordagem: O seu alvo está fazendo o que? Lendo jornal? Então comente sobre a notícia. Está com uma criança? Pois brinque com a criança. Está fazendo uma caminhada? Comece a caminhar com ele para fazer a abordagem. Vai "bater" uma laje? Aproxime-se e ofereça sua ajuda. Você só não precisa pecar para ganhar uma alma, isto é desculpa de não convertido.

3. Desenvolva a conversa que lhe aproximou

A naturalidade deve prosseguir; o evangelista não deve abordar do seu ponto de vista e forçar a passagem para o seu assunto; com cuidado vai explorando o ponto que se deseja alcançar.

Muitas vezes, temos que gastar horas, dias, semanas, meses e até anos para ganhar a confiança de alguém e partir para o nosso objetivo. Aproximar-se de alguém pode ser uma tarefa bem complicada, principalmente se você nunca viu essa pessoa na vida (o pessoal do *coaching* é especialista nisso).

Outro fator que pode complicar ainda mais essa interação é a falta de assunto em comum. Aí fica realmente difícil, não é mesmo? O evangelista deve ter esse cuidado para não ferir a relação de cordialidade.

Observação: Não podemos dar um tranco no processo de abordagem. Ir mais devagar e investir na observação. Conhece a história do pescador? Ao lançar um anzol em um lago é preciso ter muita paciência!

4. Não exagere o interesse pela pessoa

Temos de nos comportar, naturalmente, como se estivéssemos querendo vender algo, mas que não dependemos dessa venda para sobreviver, é claro que estamos querendo fazer uma conquista para Cristo. Muita insistência não cabe naquele momento.

Cada cristão é chamado para pregar o Evangelho na sua forma de viver, falar e agir, dando bom testemunho de Jesus. Você pode participar do plano de Deus para a salvação do mundo (cf. Mc 16,15). Nesse sentido somos todos chamados a avançar no caminho da conversão pastoral e missionária. Quem prega a Palavra se faz instrumento da Palavra de Deus deixando ressoar o anúncio fundamental.

Observação: O que estamos fazendo vem de Deus e poderá mudar a vida da pessoa, mas se ela perceber que é esta a intenção, ela poderá perder o seu interesse e, com isto, se afastar de nós. A insistência incomoda os demais. O cuidado é para não ser incômodo a ninguém no processo de evangelização.

5. *Faça a transição, o mais natural possível*

Não force a barra e apresente o plano da salvação. Existem vários modelos e escolha o mais adequado ao momento. Um cuidadoso estudo antes das abordagens pode se fazer necessário. Para isso, podemos fazer uso dos documentos da Igreja, do Catecismo, da iniciação à vida cristã e de livros que nos auxiliem na reflexão.

Um exemplo sobre como começar uma abordagem evangelizadora, poderá ser o mostrar a necessidade do espiritual na vida humana e a necessidade de Deus. A vida não é somente preocupações materiais.

A comunidade eclesial missionária poderá ajudar em todo esse processo de ação. Afinal, ela é certamente o lugar mais próprio da evangelização. Enfim, é preciso ter todo um cuidado com os mais próximos.

6. *Se a pessoa se mostrar interessada...*

Passe para a fase final em que se faz o anúncio e um convite para participar na Igreja. Agora se observa o fruto de uma longa caminhada. Se a pessoa estiver na rua, por exemplo, procure ser mais breve possível, não se esquecendo de anotar os dados da pessoa.

Em se tratando de um projeto de evangelização convide a pessoa para se sentar e, então, exponha o plano da salvação. É o que acontece, muitas vezes, com aqueles que batem à nossa porta, aos sábados, para expor uma palavra de vida e fazer um convite para visitar sua igreja.

Por outro lado, se naquele momento não for possível, marque um encontro na hora do almoço ou um lanche ou em sua casa. O evangelizador deve estar com tempo para toda proposta possível. Sabemos das dificuldades em abordagens a domicílio. As pessoas não querem ser incomodadas e, menos ainda, abrir a casa para estranhos.

7. *De acordo com a formação da pessoa*

Prepare-se para escolher um esquema já conhecido de exposições do plano da salvação. Existem muitos esquemas e a escolha deve ser a mais clara e fácil para a abordagem e compreensão. É importante que a pessoa se sinta envolvida e isso só é possível se ela compreender o conteúdo da exposição. Essa é a grande diferença entre uma abordagem aleatória e uma abordagem personalizada.

É de se imaginar que, nessa altura, o ministro já deva ter todos os dados da pessoa (nome e endereço): isso facilita no momento de fazer o convite para participar da comunidade e mesmo para organizar alguma visita, se for o caso. Entretanto é preciso ter muito cuidado: o convite não deve ser extenuante, feito de modo a incomodar a pessoa abordada. É preciso sempre considerar que a pessoa tem liberdade para decidir pelo sim ou pelo não, e devemos respeitar essa decisão. Impor algo seria a pior das atitudes.

8. Expondo o plano da salvação

Em geral, o "plano de salvação" abrange 4 etapas ou questões:

a) "Você é amado (ágape) por Deus" (Jo 3,16; Rm 5,8).
b) "Só Cristo pode lhe satisfazer" (Mt 11,28-30; Jo 4,14; 10,10).

c) "Toda pessoa é pecadora" (Rm 3,23; 3,10-12). Quando no pecado, vive nas trevas, experimenta a morte (Rm 6,23; Jo 3,3-5).
d) "Cristo é o [único e total] caminho para a salvação" (Jo l4,6; At 4,12; Rm5,8).

Depois, vem a questão da "Igreja verdadeira" e, outras doutrinas que se apresentam como certas e únicas. Ter um adequado cuidado faz bem nesse momento. Cada um, infelizmente, acha que a sua igreja é a única e verdadeira. Tudo dependerá da condição do evangelizador.

Existe, também, o esquema que nasce do processo da história da salvação que é mais complexo e sistemático.

Existe igualmente, aquele esquema que nasce do "Jesus te ama", do "Amor de Deus", "Jesus morreu por você"; "Deixe Deus lhe resgatar da sua vida fútil, foi para isso que Jesus morreu"; "Confie sua vida a Jesus, ele ama você!"; "Espere somente em Jesus, ele lhe salva!".

Esse esquema de frases de efeito pode ser bastante ingênuo. Ao que parece, na maioria das vezes, não surte nenhum efeito. O povo já está "vacinado" contra essas propostas, de certo modo infantis, e já as ouviram muitas vezes. De certa forma o nosso povo "conhece" Jesus Cristo, mas não tem prática e vivência cristã.

Falar do "amor de Deus" é importante e fundamental, mas sem aquele tom de simplicidade ingênua que mais afasta do que agrega valor e sentido de salvação. A palavra de Deus nos pede, muitas vezes, coisas que são bastante complicadas para nossa natureza humana, por exemplo; se Deus assim nos amou, também nós devemos amar uns aos outros (1Jo 4,11) e para piorar, usarmos a palavra "amor", palavra tão preciosa e profunda, de forma inadequada, muitas vezes, não conseguimos perceber a sua plenitude e sua importância no dia a dia das pessoas.

Como motivação de estudo: Leia a Exortação Apostólica do papa Francisco, *Evangelii Gaudium* (2013) e a Exortação Apostólica do papa Paulo VI *Evangelii Nuntiandi* (1975). São documentos importantes para esse momento.

9. *Ao tratar do problema-pecado*

É melhor abordar o lado da experiência humana com o pecado, em vez de mencionar o lado bíblico em primeiro lugar. A questão é que, em geral, as pessoas não gostam da palavra pecado. Isso não importa, o evangelista pode mudar a palavra e falar apenas do "veneno", da situação de "morte" etc.

O maior cuidado é para não ir falando logo de pecado e, de repente, ir condenando as pessoas. Alguns não têm noção de abordagem e acabam afastando as pessoas com perguntas ou mesmo falas inadequadas para esse momento.

10. Com relação à *consciência do pecado*

Uma vez que a maioria das pessoas já tem alguma consciência do pecado, a melhor maneira de começar o plano de salvação é pelo amor de Deus (Jo 3,16). Abaixo um modo de abordagem do tema, usando os dedos da mão para enumerar (e lembrar) os pontos:

- Deus ama você (dedo polegar: Jo 3,16).
- Você é pecador (dedo indicador: Rm 3,23).
- Cristo morreu por nós (dedo médio: Rm 5,08).
- Você deve receber Jesus como salvador (dedo anular: Jo 1,12).
- Ser nova criatura (dedo mínimo: 2Cor 5,17).

Outros elementos, de forma geral

Se as condições forem favoráveis, use a Bíblia e permita que a pessoa acompanhe a leitura dos textos. Caso contrário, use os textos que você tem memorizados. Temos de ter em mente que o nosso testemunho é de grande valor, mas não substituirá a citação da Palavra de Deus.

Algumas interrupções

Evite que a pessoa interrompa o assunto na fase de exposição do plano ou que desvie o assunto. Insista no plano, pois a semente está sendo plantada e essa conversa tem que ser com a maior atenção de nossa parte, pois qualquer desvio é fatal (Mt 13,4).

Quando terminarmos de fazer a abordagem, com cuidado, verifique se a pessoa entendeu todo o plano de salvação.

Fique atento se houver perguntas

Se houver perguntas da parte da pessoa durante a abordagem, com cuidado peça para esperar um pouquinho termine o assunto e, se souber a resposta, responda, caso contrário, tendo dúvida na resposta e se não souber, não saia falando qualquer coisa, diga que irá estudar o assunto, e que em um novo encontro poderá falar com mais tranquilidade. Marque um novo encontro e, então, responda com bastante clareza. Isso lhe dará um voto de confiança: lembre-se da experiência de Felipe com o eunuco (cf. At 8,31).

Observação: O evangelho precisa ser entendido; só emoção a não resolve.

11. Algumas considerações práticas

Caso as condições sejam favoráveis, use a Bíblia e permita que a pessoa acompanhe a leitura dos textos.

Alguns evangelizadores repetem textos de cor. Existem vantagens e desvantagens. O evangelizador poderá disparar uma série de textos sem surtir efeito e sem diálogo. Talvez seja a pior forma de evangelizar. O diálogo, certamente, é a melhor medida e segue o método de Jesus.

Normalmente, as pessoas já têm alguns princípios de formação cristã; outros veem bastante televisão, seguem algum padre pela internet e vão "formando" aquelas ideias adequadas ao seu comportamento e que lhe são convenientes. As redes sociais têm fornecido uma série de programas [gratuitos e também alguns pagos] de conteúdo cristão para os internautas.

12. Ficar atento às interrupções/comentários

Como já dito, evite – sempre com delicadeza – que a pessoa interrompa o assunto na fase de exposição do plano da salvação ou que desvie o assunto. Insista no plano, pois a semente está sendo plantada/semeada e, essa conversa, tem que ser feita com a maior atenção de nossa parte.

Se é verdade que é bom a pessoa ouvir e não interromper o anúncio em um primeiro momento, é preciso lembrar que a evangelização é também diálogo. É muito triste quando certos pregadores – protestantes, e até mesmo católicos – falam, falam e não abrem em momento algum um diálogo: eles bastam para si próprios, não deixam a pessoa falar nunca! O diálogo, na evangelização, é mais adequado à proposta de Jesus. Ele nunca impunha doutrina alguma; falava da vida, do cotidiano, da natureza. Jesus tocava na vida das pessoas de forma humana e sensível.

13. Dentro do possível, tente aplicar ilustrações de acordo com o seu nível cultural.

É importante trazer para o diálogo assuntos do cotidiano. Não invente coisas que você não domina ou, pior, não vive. A simplicidade e a autenticidade são de grande eloquência.

Ao final, procure o elemento oracional: ensine a pessoa a rezar. Faça alguma oração com ela, para que Deus possa ajuda-la em sua decisão. Ore com ela agradecendo a Deus sua decisão. Observação: Não se deve rezar em línguas estranhas, não! Isso pode não ajudar e nem se deve fazer profecias, como alguns fazem sem juízo, dizendo "Deus está falando no meu coração...", pois coração não fala! A maior profecia é a vontade de Deus nesse momento.

Não se esqueça de preencher uma ficha contendo os dados da pessoa para um acompanhamento no processo de integração e de aceitação da proposta.

5.4 Alguns lugares e formas de abordagem na evangelização

- Visitas domiciliares. Cuidado! A casa não é sua! Não peça para desligar aparelhos ou tirar crianças ou animais de perto onde você está. Ter um pouco de desconfiança será a medida exata para todos. É sempre prudente, quando possível, ir acompanhado por mais alguém.

- Nos meios de transportes. Aproveite a situação. Tudo é bom, no início, para se fazer uma abordagem e apresentar o plano da salvação. Sempre aquela cautela para não ser inconveniente com os passageiros. Esse é um recurso bastante arriscado e pode não ter sucesso.
- Na hora do almoço. Em fábricas, indústrias, quartéis, grupos e outros. Sempre respeitando o tempo de descanso dos colegas de serviço e que seja breve. A hora do trabalho é sagrada, pois não use para evangelizar e, sim, para trabalhar, tudo tem seu tempo certo.
- No mercado, açougue, feiras, salão de beleza, consultório médicos e outros lugares, a abordagem terá um bom resultado quando é feita individualmente; não seja precipitado. Você pode atingir a todos, mas com certeza, a resistência será maior; com a abordagem feita a uma pessoa só é mais fácil.

Muitos, quando veem o evangelizador chegar, já fecham as portas e as janelas! O povo está cansado desses que batem à sua porta todas as semanas para "vender" seu produto religioso. Além de trazerem um discurso pronto, a maioria, é inconveniente.

Com isso, aparecem as "fugas": as pessoas inventam qualquer desculpa a fim de se livrarem do evangelizador inconveniente.

Por outro lado, devemos ter em mente que não é fácil anunciar o evangelho. As desculpas para não aceitar o evangelho são inúmeras. Poderíamos fazer uma lista.

Mais ou menos reproduzimos algumas delas:

"Ainda sou muito jovem, preciso aproveitar a vida".

"Sou melhor do que muita gente da igreja".

"Eu não entendo a bíblia".

"Eu não tenho tempo, sou uma pessoa muito ocupada".

"Minha religião é Jesus Cristo".

"Ser cristão é muito difícil. Não adianta eu dizer que vou ser cristão e não vou obedecer".

"Conheço gente na igreja pior do que eu".

"Deus é bom e, no final, todo mundo vai para o céu".

"Meu coração é muito duro".

"Eu oro em casa".

"Não preciso de igreja, eu tenho um coração bom".

"Não valho a pena, estou no mau caminho".

"Há muitas contradições na Bíblia".

"Eu acredito somente em Deus e não na Bíblia. A Bíblia não é verdade".

"A Bíblia é papel e no papel escreve-se o que quiser".

"Tentei uma vez, mas não consegui".

"Todas as religiões são boas. Minha religião é Jesus Cristo".

"Eu terei muita companhia no inferno".

"O inferno é aqui mesmo".

Jesus contou uma parábola para ilustrar a atitude daqueles que deixam o assunto da salvação em segundo plano (cf. Lc 12,19-20: testemunho, sentido da vida e busca fundamental).

Há três tipos de comportamento que as pessoas apresentam:

- Os que criam suas próprias ideias e teorias;
- Os que apenas repetem ideias de outras pessoas;
- Os de convicções contrárias ao evangelho.

Vejam as desculpas que aparecem na Bíblia:
- Não sou pecador (Rm 3,23; 5,12).

- Sou muito pecador para ser perdoado (Lc 19,10; 1Tm 1,15).
- Eu não sinto que deva procurar salvação (At 16,31; Is 55,7; Jr 17,9-10; Jo 5, 24).
- Tenho medo de não conseguir ficar (Jd 1,24; 2Tm 1,12; Jo 5,24).
- Vejo muitos que são religiosos, mas são hipócritas (Rm 14, 4-10; Rm 2,1.21-23; Tg 4,17; At 16,31; Rm 14,12; 2Cor 5,10).
- Tenho buscado, mas não tenho conseguido (Jr 29,13).
- Não posso deixar minha vida de pecado (Mc 8,34-38; Tg 4,4).
- É tarde demais para mim (Rm 10,13; 2Pd 3,9; 2Cor 6,2).
- Sou ainda jovem, vou esperar mais (Ec 12,1-2; Hb 3,13; 2Cor 6,2; Lc 12,20; Is 55,6).
- A Bíblia está cheia de erros (2Pd 2,12; 1Ts 2,13; 2Pd 1,20-21; 2Tm 3,16-17).
- A vida do cristão é muito exigente (Pr 3,17; Pr 4,18; 1Jo 5,3).
- Eu acho, eu penso (Rm 9,19-21; Is 55,8-9).

5.5 Alguns métodos de evangelização

Método é a maneira de se fazer algo, desenvolver um trabalho. Deus não abençoa métodos, mas abençoa pessoas que se utilizam dos melhores métodos para levar a sua Palavra. Veja essa parábola de Jesus (ao edificar uma torre: Lc 14,28-31).

Podemos falar em método de abordagem. Já temos tocado no assunto mais atrás. Podemos considerar alguns deles. Eles devem ser conhecidos e estudados. Apesentemos os mais conhecidos e usados na abordagem do evangelizador.

- Dedutivo: enumeração minuciosa de fatos e argumentos. O método dedutivo de abordagem de evangelização é aquele que começa do geral e vai afunilando em direção ao particular.
- Indutivo: que procede por inferência. O método indutivo de abordagem de evangelização é aquele que começa pelo problema até chegar ao plano da salvação.

O objetivo – A salvação do Homem.
Método – Evangelização pessoal.

Estratégia – Abordagem, nas ruas, visitas e outros.
Técnica – Plano da Salvação.

Leituras: As Exortações Apostólicas *Evangelii Gaudium* e *Evangelii Nuntiandi*, dos papas Francisco e Paulo VI, respectivamente. O *Catecismo da Igreja Católica* (CIC). Algum compêndio sobre a *Doutrina Social da Igreja* e o documento da CNBB intitulado *Diretrizes Gerais da ação evangelizadora da Igreja no Brasil (2019-2023)* são leituras importantes e indispensáveis aos evangelizadores e que procuram seriedade no seu ministério.

Atitude para consigo mesmo

Você que está fazendo a abordagem deve ser otimista e acreditar em si mesmo; se você é uma pessoa confiante, consciente do que faz, naturalmente, irá transmitir segurança aos seus ouvintes. Você deve saber o que faz.

PARA REFLETIR:

1. Vamos, em grupo, conferir as "qualidades" de um bom ministro.

2. Seria interessante a leitura do documento da CNBB *Diretrizes Gerais da ação evangelizadora da Igreja no Brasil (2019-2023)*. Sabemos que a cada quatro anos os bispos atualizam as normas e orientações da Igreja.

3. Estamos "procurando" novos candidatos ao ministério? Qual será o nosso critério?

4. Como pôde o apóstolo Paulo, em tão pouco tempo, evangelizar os principais centros do Império Romano e, finalmente, instalar-se em Roma com a irresistível mensagem do Evangelho?

6 A INSTRUÇÃO *FIDEI CUSTOS*

Como já acenamos anteriormente, pouco se comentava sobre a necessidade de ministros para auxiliar o padre na distribuição da Eucaristia. Algumas Igrejas da Europa já haviam começado algumas experiências e, na América Latina, se fez com mais contundência, até pelo fato de haver poucos sacerdotes para grandes comunidades, além das enormes distâncias que separam uma comunidade da outra.

As comunidades eclesiais espalhadas pela América latina fizeram esse trabalho de ensaio. Em 1968 a II Conferência dos Bispos da América Latina, reunida em Medellín, Colômbia, propôs alguns elementos que confluíram na Comunidade Eclesial de Base (CEB) como um instrumento pastoral, ligando a forma comunitária à opção preferencial pelos pobres. Em seguida, nasceram inúmeras iniciativas de pastoral em todas as áreas e de teologia, também. Houve avanços, recuos e muitas incompreensões.

Hoje, nos deparamos com as comunidades eclesiais missionárias. É uma proposta da Igreja para essa nova fase de evangelização. Os ministros devem ter esse olhar pastoral.

A concessão ao ministério era dada "em modo experimental". Passou-se, depois a uma concessão mais ampla com a instrução, em 1969, *Fidei Custos,* até à faculdade de escolher ministros extraordinários da Sagrada Comunhão com a instrução *Immensae Caritatis,* de 1973, e também pelo Motu Próprio de Paulo VI, *Ministeria Quaedam,* de 1972, com o qual instituía os ministérios do leitor e do acólito.

Os ministros extraordinários da Comunhão ajudam a distribuir a Eucaristia na missa, mas levam também em uma custódia (o recipiente onde se coloca a hóstia consagrada para levar aos enfermos, também chamada de teca) a Eucaristia para os enfermos. Os ministros extraordinários podem fazer também a Exposição do Santíssimo Sacramento, sem nunca dar a bênção, que é uma prerrogativa do ministro ordenado. Podem também presidir a celebração da Palavra (embora em algumas dioceses isso não seja permitido).

Portanto, são estas as funções dos ministros extraordinários da comunhão:

- distribuição da comunhão na missa.
- distribuição da comunhão fora da missa, aos doentes ou outras pessoas que com razão o solicitem. Esse ponto depende muito das normas diocesanas.
- extraordinariamente a administração do viático.
- exposição do Santíssimo Sacramento para adoração dos fiéis (mas não a bênção com o mesmo), em situações específicas; sempre dependendo das normas diocesanas.
- presidir a celebração da Palavra – onde não houver sacerdote.

Segundo a carta *Redemptionis Sacramentum*, da Santa Sé, esse ofício de distribuir a comunhão extraordinariamente compete a esse ministério, lembrando que o ministro exerce esse cargo de modo *extraordinário* em relação à Sagrada Comunhão; não é jamais um ministro especial da Sagrada Comunhão. Mesmo os termos "ministro *extraordinário* da Eucaristia", ou "ministro *especial* da Eucaristia" são impróprios visto gerarem confusão.

Nesse espaço vamos transcrever na íntegra a Instrução de Paulo VI [30 de abril de 1969]. No parágrafo 2.1 deste livro (*Esquema pastoral da Instrução*), apresentamos, a sua síntese. A Instrução, como o nome já indica, acena àquelas noções essenciais que poderão servir como critério para se procurar os candidatos que preencham os requisitos embrionários para a formação desse ministério na comunidade paroquial.

Quando pensamos na pessoa do ministro estamos falando também de normas e comportamentos que não devem ficar alheios à sua formação; na verdade, devem, de algum modo, servir como critério de aceitação ou não do candidato já no itinerário de formação para ser ministro.

Uma indicação de leitura

Ser ministro extraordinário da Comunhão não é um status dentro da comunidade, mas sim um serviço na caridade. Ministério é serviço. Por isso, é importante que o ministro entenda que ele recebeu da Igreja um mandato para servir. Por isso, em muitas dioceses, já é colocado um tempo para o exercício deste ministério, para que ninguém se perpetue na função e entenda que estão ali para o bem da comunidade e para a construção do Reino de Deus. Não é o leigo que se oferece para ser ministro; ele é uma escolha feita pelo pároco, com indicação também da comunidade[1].

INSTRUÇÃO *FIDEI CUSTOS*

(Sobre os ministros extraordinários da administração da Santa Comunhão)

Igreja, guarda da fé, cujo depósito ela conserva inviolado através da história humana, em vista de condições peculiares e novas necessidades que surgem, muda de vez em quando, com prudência e magnanimidade, leis puramente canônicas, baixadas por ela no decorrer dos séculos e por ela diligentemente defendidos.

Sendo o bem das almas a razão de ser da Igreja, as prescrições canônicas devem adaptar-se

---

1. JUNIOR, Camilo, *Qual a função do ministro extraordinário da Sagrada Comunhão?*, disponível em: <https://www.a12.com/redacaoa12/qual-a-funcao-do-ministro-extraordinario-da-sagrada-comunhao-25-04-2019-20-30-00>, acesso em 05 de fevereiro de 2024.

a este fim, para que, segundo as exigências das realidades no decorrer dos tempos, elas sejam realmente eficazes e consigam orientar de fato todo esforço da Igreja.

Em nosso tempo, em que as condições da vida humana se transformam tão rapidamente, a Igreja, entre outras preocupações, deverá forçosamente tomar em consideração as angústias e dificuldades pelas quais ela está passando por causa do exíguo número de ministros sacros em algumas regiões, aonde se vão assoberbando as necessidades da ação pastoral e são solicitados múltiplos trabalhos e esforços do ministério pastoral.

Por isso, o papa Paulo VI, em sua solicitude pastoral, houve por bem aceder aos desejos dos fiéis, e com prudência abolir o direito vigente. Reconhecendo a necessidade do nosso tempo, faz com que, além dos ministros elencados no cân. 845[2] sejam constituídos ministros extraordinários, que possam administrar a santa comunhão a si e aos fiéis.

---

2. Refere-se aqui ao Código de Direito Canônico de 1917. (N. do E.)

Para que tudo isso se faça de maneira ordenada, por autoridade do Sumo Pontífice determinam-se algumas normas sobre a administração da santa comunhão conforme o rito latino:

1. Os bispos residenciais, os coadjutores investidos de todos os direitos e ofícios episcopais, os abades de regime, os prelados ordinários dos lugares, os vigários capitulares, os administradores apostólicos, mesmo sem caráter episcopal, e todos os que são denominados pastores neste decreto, podem dirigir-se às Sagradas Congregações da Disciplina dos Sacramentos e da Evangelização dos Povos ou da Propagação da Fé para os que estão sujeitos à sua autoridade, a fim de obterem a faculdade de permitir que alguma pessoa idônea administre a santa comunhão a si e aos fiéis:
   a) Sempre que falte um ministro dos elencados no cân. 845 do CDC;
   b) Sempre que o mesmo ministro não possa administrar a santa comunhão sem incômodo, seja por causa de doença, de idade avançada ou do ministério pastoral;

c) Sempre que o número de fiéis que se aproximam da sagrada comunhão for tão grande que a celebração eucarística se prolongue demais.
2. Os pastores acima mencionados podem delegar esta faculdade recebida aos bispos auxiliares, vigários gerais, vigários episcopais e delegados.
3. Pessoa idônea, da qual se fala no n° 1, será pela seguinte ordem: o subdiácono, o clérigo investido de alguma das ordens menores; o religioso, a religiosa, o catequista (a não ser, que a critério prudente do pastor, o catequista deva ser preferido à religiosa), ou um simples fiel: homem ou mulher.
4. Algumas especificações:
   a) Nos oratórios de comunidades de religiosos de ambos os sexos, os pastores supramencionados podem obter a faculdade de permitir que, observada toda cautela, o superior sem ordens sacras ou a superiora, ou os seus substitutos distribuam o pão eucarístico a si e aos seus coirmãos,

como também aos fiéis que por acaso estiverem presentes e o levem aos enfermos que estiverem em casa.

b) Em orfanatos, hospitais, colégios e institutos no mais amplo sentido da palavra, dirigidos por religiosos ou religiosas, os mesmos pastores de que trata o n° 1 podem obter a faculdade pela qual o superior ou reitor sem ordens sacras, ou a superiora ou os seus substitutos, ou ainda um fiel de comprovada vida cristã distribuam a santa comunhão a si e aos súditos da própria casa ou também aos demais fiéis que por qualquer motivo estiverem presentes; esta faculdade permite também levá-la aos enfermos.

5. O fiel a ser escolhido como ministro extraordinário da santa comunhão deve distinguir-se pela vida cristã, pela fé e os bons costumes; convém que se recomende pela idade madura e tenha sido devidamente instruído para exercer tão nobre ministério. Escolha-se uma mulher de comprovada piedade em casos de necessidade, ou seja, no caso em que não se puder encontrar outra pessoa idônea.

6. A pessoa idônea para a administração da santa comunhão, escolhida nominalmente pelo bispo, receba dele o mandato, segundo o rito preparado para deputar um ministro e distribua a santa comunhão segundo as normas litúrgicas.

7. Durante a administração do sagrado banquete procure-se evitar qualquer perigo de irreverência para com o santíssimo Sacramento, a quem se deve toda a honra.

8. A faculdade concedida aos pastores, dos quais se trata acima no nº 1, é concedida para um triênio pelas Sagradas Congregações da Disciplina dos Sacramentos e para a Evangelização dos povos ou da Propagação dos Fiéis que por justa causa a pedirem.

9. No fim do triênio, os pastores em questão não deixem de informar as respectivas Congregações sobre o andamento da experiência, inclusive se contribui realmente para o bem das almas.

Cidade do Vaticano, 30 de abril de 1969.

† Papa Paulo VI

6.1 Perguntando: quem foi São Paulo VI?

Notemos, em resumo, a importância desse papa no nosso ministério. O seu nome de nascimento foi Giovanni Battista Montini; nasceu em Concesio, Itália, no dia 26 de setembro de 1897. Foi eleito ao pontificado no dia 21 de junho de 1963. Foi entronizado papa no dia 29 de junho de 1963 e o fim de seu pontificado ocorreu com sua morte, no dia 6 de agosto de 1978. Predecessor: São João XXIII. Sucessor: São João Paulo I.

Era conhecido como Cardeal Montini e foi arcebispo de Milão. Para alguns críticos, ele teria sido um papa indeciso diante dos desafios da sua época. Assim como se havia pensado de seu predecessor, o papa João XXIII, muitos pensaram que ele não teria a força necessária para exercer o ministério petrino. Ledo engano.

Contrariando a todas as opiniões tanto João XXIII como Paulo VI foram dois grandes papas da era moderna, deixando um legado duradouro na história da Igreja.

Papa Paulo VI teve grande atuação no magistério, promulgando diversos documentos, como, por exemplo, a Encíclica *Humanae Vitae* (25 de julho de 1968).

Basicamente o documento tratava sobre a regulação da natalidade, mas se tornou um marco decisivo nas questões sobre o aborto, esterilização e regulação da natalidade por métodos artificiais e cuja doutrina, ali explicitada, serviu de base para vários documentos pontifícios posteriores ao tratarem do tema da família, da ética conjugal e da bioética.

Curiosamente, durante seu pontificado, que durou 15 anos, criou como cardeais Karol Wojtyla, em 1967, e Joseph Ratzinger, em 1977, que depois se tornariam seus sucessores: João Paulo II e Bento XVI, respectivamente. Paulo VI foi o primeiro Papa a viajar de avião e a visitar os cinco continentes. Ficou conhecido como o Papa peregrino; o Papa da modernidade.

Como já acenado, após a morte do papa João XXIII, Paulo VI deu continuidade ao Concílio Vaticano II, dedicando uma atenção especial ao âmbito da pastoral, assunto que pouco se tocava naquele momento da história.

Teve também um olhar ecumênico e deu pleno cumprimento à reforma litúrgica aprovando ritos e orações seguindo ao mesmo tempo a tradição e adaptando-os aos novos tempos e promulgando com a sua autoridade os vários livros litúrgicos que regem a liturgia latina, a fim de favorecer a participação dos fiéis na liturgia.

Além da *Humanae Vitae*, dentre as Encíclicas que Paulo VI publicou, são de se destacar a *Populorum Progressio*, de 26 de março de 1967, a *Sacerdotalis Caelibatus*, de 24 de junho de 1967 e a Carta Apostólica *Octogesima Adveniens*, de 14 de maio de 1971, esta última de natureza social em comemoração aos oitenta anos da *Rerum Novarum* de Leão XIII.

De modo bastante resumido podemos lembrar, ainda, três documentos que impactaram bastante a dimensão pastoral da vida cristã: a Exortação sobre a necessidade da alegria cristã (*Evangelii in Domino* – 09.05.1975) para viver os desafios da fé na dimensão do serviço; o documento sobre a evangelização (*Evangelii Nuntiandi* – 08.12.1975) no qual se expõe a necessidade de uma revisão dos conceitos de evangelização e o documento mariano de alta reflexão sobre a figura de Maria (*Marialis Cultus* – 02.02.1974) na vida cristã.

Na celebração de sua canonização (14.10.2018), papa Francisco ressaltou em sua homilia alguns aspectos de sua vida:

"O Santo papa Paulo VI escreveu: 'É no meio das suas desgraças que os nossos contemporâneos precisam conhecer a alegria e de ouvir o seu canto' (Exort. Ap. *Gaudete in Domino*, I). Hoje, Jesus convida-nos a voltar às fontes da alegria, que são o encontro com ele, a opção corajosa de arriscar para o seguir, o gosto de deixar tudo para abraçar o seu caminho. Os Santos percorreram este caminho. Fê-lo Paulo VI, seguindo o exemplo do Apóstolo cujo nome assumira".

"Como ele, consumiu a vida pelo Evangelho de Cristo, cruzando novas fronteiras e fazendo-se testemunha dele no anúncio e no diálogo, profeta duma Igreja extrovertida que olha para os distantes e cuida dos pobres. Mesmo nas fadigas e no meio das incompreensões, Paulo VI testemunhou de forma apaixonada a beleza e a alegria de seguir totalmente Jesus. Hoje continua a exortar-nos, juntamente com o Concílio de que foi sábio timoneiro, a que vivamos a nossa vocação comum: a vocação universal à santidade; não às meias medidas, mas à santidade"[3].

---

3. A homilia do santo padre está disponível em: <https://www.vatican.va/content/francesco/pt/homilies/2018/documents/papa-francesco_20181014_omelia-canonizzazione.html>, acesso em 05 de fevereiro de 2024.

PARA REFLETIR:

1. Vamos promover um encontro de estudo sobre a Instrução *fidei custos*?

2. Vamos promover um estudo sobre o papa São Paulo VI e alguns aspectos do Concílio Vaticano II? Os textos assinalados, acima, não poderiam ser um motivo de estudo para o grupo?

3. Precisaríamos de uma revisão desse ministério junto aos ministros? Como faremos essa revisão? Em assembleia? Em reuniões? No CPP?

4. Como estamos preparando os novos candidatos ao ministério?

7 O patrono dos ministros

Os ministros mais "antigos" lembram que, sempre foi dito, que o padroeiro dos ministros seria São Tarcísio. Por decisão da CNBB foi revisto esse padroado e compartilhado com um santo do nosso tempo que teve um zeloso apostolado com a Eucaristia: São Mateus Moreira. Então fica assim explicado: São Tarcísio é o padroeiro dos ministros da Igreja presente no mundo e São Mateus Moreira é o patrono dos ministros da Igreja no Brasil.

São Mateus Moreira foi beatificação no dia 5 de março de 2000, na Praça de São Pedro, Vaticano, por São João Paulo II. Sua canonização ocorreu no dia 15 de Outubro de 2017, na mesma praça durante o pontificado do papa Francisco. Sua festa litúrgica é no dia 3 de outubro. Para o Brasil ele é considerado o padroeiro dos Ministros Extraordinários da Comunhão Eucarística.

São Mateus Moreira é um mártir leigo, e que faz parte do grupo de mártires canonizados pelo papa Francisco: são os protomártires brasileiros padres André de Soveral, Ambrósio Francisco Ferro e o leigo Mateus Moreira, juntamente com outros 27 companheiros fiéis de Cunhaú e Uruaçu que morreram em dois massacres por ódio à fé católica registrados no Rio Grande do Norte, no ano de 1645, cometidos por soldados holandeses e índios potiguares.

Segundo os relatos, o leigo Mateus teve o seu coração arrancado pelas costas. Porém, antes de morrer ainda teve forças para proclamar a sua fé na Eucaristia e conseguiu bradar em alta voz: "Louvado seja o Santíssimo Sacramento!".

Séculos depois, após ser beatificado no dia 5 de março de 2000 pelo papa João Paulo II, o futuro santo mártir se tornou "Patrono dos Ministros Extraordinários da Comunhão Eucarística", durante a 43ª Assembleia Geral da CNBB (Conferência Nacional dos Bispos do Brasil), realizada em 2005, sendo a decisão aprovada pela Santa Sé, por meio da Congregação para o Culto Divino e a Disciplina dos Sacramentos.

Que o testemunho de fé de Mateus Moreira possa servir de encorajamento e exemplo para os milhares de ministros extraordinários da Comunhão no Brasil. Que eles sejam zelosos na caridade e fiéis anunciadores da presença transformadora do Senhor na Eucaristia.

Divulguemos esse santo para o exercício da espiritualidade eucarística. Também não deixemos "passar em branco", o primeiro padroeiro, São Tarcísio, embora mais ligado à juventude ou aos jovens eucarísticos ou aos acólitos.

Tarcísio nasceu por volta de 258 da era cristã em um período turbulento da história da Igreja em que havia forte perseguição aos cristãos ordenada pelo imperador Valeriano: nesse período, por ser cristão, não era incomum ser preso e morto. Na situação de cárcere, era uma tarefa extremamente perigosa e difícil, levar alento para os cristãos aprisionados. Levar a Eucaristia era um grande risco. Os sacerdotes simplesmente não conseguiam entrar nas cadeias sem correr grande risco de serem trucidados. Diante da necessidade, Tarcísio, um rapaz muito jovem – segundo a tradição, ele teria apenas 12 anos – se ofereceu para levar a Eucaristia aos presos. Consta que ele era acólito do papa Xisto II e que teria pedido ao papa a permissão para tentar levar a Eucaristia para os cristãos presos. Em meio à comoção intensa, o papa o abençoa e lhe entrega a Eucaristia dentro de uma caixinha. A caminho da prisão Tarcísio foi interceptado por outros jovens que o identificaram como cristão. Curiosos para saber o que havia dentro da caixinha, pediram a Tarcísio que entregasse o conteúdo. Diante de sua rejeição, começou a apanhar e foi apedrejado até a morte. Revistaram seu corpo na expectativa de encontrar o conteúdo misterioso, mas seus algozes nada encontraram. Um soldado, que tinha simpatia pelos cristãos, recolheu seu corpo e o sepultou em uma das tantas catacumbas da cidade eterna.

Tarcísio tem uma história breve, mas repleta de sentido e de significado para a vida cristã. Não é certamente a idade que nos faz decidir por Cristo, mas é a determinação e a coragem em meio à tribulação. São Tarcísio é uma expressão de um testemunho jovem e maduro ao mesmo tempo. Certamente, um modelo de vida cristã especialmente para as crianças e para os jovens de nosso tempo.

Sobre este jovem mártir, o papa São Dâmaso (305-384) deixou-nos estas palavras:

> Leitor que lês estas linhas: convém-te recordar que o mérito de Tarcísio é muito semelhante ao do diácono Santo Estêvão, aos quais quer honrar este

epitáfio. Santo Estêvão foi morto sob uma tempestade de pedras pelos inimigos de Cristo, aos quais exortava a se tornar melhores. Tarcísio, enquanto levava o sacramento de Cristo, foi surpreendido por uns ímpios que tentaram arrebatar-lhe seu tesouro para profaná-lo. Preferiu morrer e ser martirizado, que entregar aos porcos raivosos a Eucaristia, que contém a Carne Divina de Cristo[1].

PARA REFLETIR:

1. Vamos conhecer a história dos nossos padroeiros? O que nos chama a atenção em cada um deles?

2. O que podemos fazer, em termos de espiritualidade, a respeito dos nossos padroeiros? Celebrar a sua festa litúrgica? Divulgar a sua devoção e conhecimento?

3. Vamos divulgar as orações dos ministros na comunidade?

---

1. Texto disponível em: <https://coisasdesantos.blogspot.com/2017/08/15-de-agosto-sao-tarcisio-padroeiro-dos.html>, acesso 05 de fevereiro de 2024.

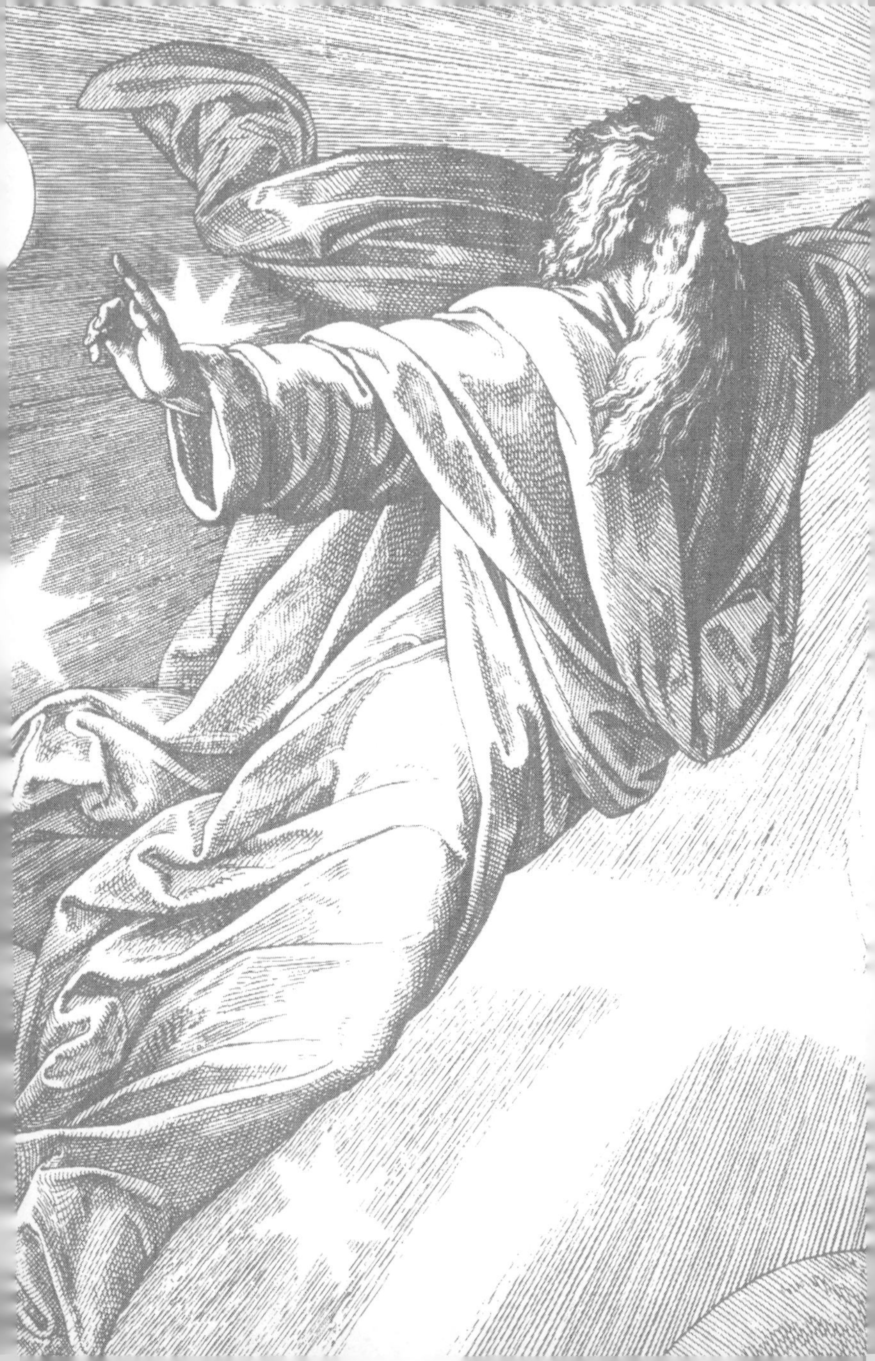

Conclusão

Também, no contexto da Instrução *Redemptionis Sacramentum*, padre Gerson Schmidt nos fala sobre Ministros Extraordinários da Sagrada Comunhão[1]:

> "O Ministério Extraordinário da Santa Comunhão nasceu depois do Concílio Vaticano II pela necessidade de apoio aos ministros ordinários (bispos, presbíteros e diáconos) na missão tão ampla de evangelização, como faziam as primeiras comunidades cristãs (At 6, 3). O Ministro Extraordinário da Sagrada Comunhão é um

---

1. Informações disponíveis em: <https://www.vaticannews.va/pt/vaticano/news/2020-10/ministros-extraordinarios-da-sagrada-comunhao-pe-gerson-schmidt.html>, acesso em 06 de fevereiro de 2024.

> leigo ou leiga a quem é dada a permissão, temporária ou permanente, de distribuir a comunhão aos fiéis na missa e em outras circunstâncias, tendo também outras funções".

Nesse livro tivemos a intenção de tocar a questão da pessoa do ministro. Na maioria das vezes, nossos livros e orientações se encaminham no sentido de alguns recados – instruções – sobre a formação do ministro: do que ele precisa, sua catequese, orientações e normas de liturgia etc.

Aqui, tivemos a intenção de olhar o ministro a partir da sua pessoa; seus problemas, suas dificuldades pessoais e convivência com sua família, comunidade, relacionamento no seu ministério, seus desafios, sua pessoa.

O ministro é alguém que deve ser cuidado. O cuidado deve ser um instrumento de pastoral acessível a todos os agentes de pastoral. Quando falamos de Pastoral, não devemos imaginar somente o trabalhar na comunidade paroquial, mas temos que considerar também os cuidados para com os agentes de pastoral. Um agente que não foi cuidado ou que não se cuida, não produz um bom serviço ao evangelho[2].

O cuidar de si mesmo ou o ter cuidado com o outro tem uma longa história. Já a própria Bíblia narra o modo como Deus cuidou de toda a criação, principalmente de sua obra prima: a concepção do primeiro casal, Adão e Eva. As narrativas da criação sempre terminam afirmando que "Deus viu que isso era bom" (Gn 1,10), mas ao fazer o casal primordial, Deus exclama que "tudo estava muito bom" (Gn 1,31).

Um pensador chamado de Marie-Françoise Colliére (1989) salienta que "cuidar é um ato individual que prestamos a nós próprios, desde que adquirimos autonomia, mas é um ato de reciprocidade que somos levados a prestar a toda pessoa que temporária ou definitivamente tem necessidade de ajuda para assumir as suas necessidades vitais"[3].

---

2. Indicamos um livro escrito por Leonardo Boff que poderá ajudar muito nessa dimensão: BOFF, Leonardo, *Saber Cuidar: ética do humano – compaixão pela terra*, Petrópolis: Vozes, [20]2014.
3. COLLIÈRE, M. (1989). *Promover a vida – Da prática das mulheres de virtude aos cuidados de enfermagem*. Lisboa: Sindicato dos Enfermeiros Portugueses. Apud: NASCIMENTO, Carla, *Um ensaio: Enfermeira e cuidadora informal, a intersubjetividade do*

Na prática do cuidado fala-se bastante em humanização; a humanização dos hospitais, do doente, da natureza, mas também da paróquia humanizada, do agente humanizado, do ministro e assim por diante.

Tocamos em alguns pontos importantes da vida do ministro. O seu relacionamento através das redes sociais, as suas qualidades e aquelas que são exigidas para o candidato ao ministério. Buscamos, na Bíblia, alguns pontos de proximidade sobre o ministério e fomos aos documentos da Igreja naquilo que tocava a vida do ministro e o exercício de seu ministério. Oferecemos alguns conselhos pensando na atividade pastoral, considerando até mesmo o aspecto da evangelização.

O exercício do ministério demanda leigos preparados e imbuídos de uma força renovada; precisamos de leigos preparados para lidar com as adversidades da vida; necessitamos de agentes centrados em sua missão; de pessoas éticas e de caráter equilibrado. Hoje há inúmeros desafios, mesmo no exercício do

---

cuidar, Revista Ponte Editora, JIM volume 2, n. 2, disponível em: <https://revistas.ponteditora.org/index.php/jim/article/view/424>, acesso em 06 de fevereiro de 2024.

ministério: nem sempre é fácil lidar com os hospitais, com as casas de saúde, com os presídios... Mas é justamente nesses ambientes que se faz necessária a presença da Igreja, muitas vezes na figura do ministro que leva o Sacramento do altar.

Por outro lado, o ministro é aquele agente especial que está ali, não apenas para distribuir a Eucaristia, mas para dar sentido e força na caminhada da comunidade paroquial. Ele deve ser um agente pastoral qualificado para o ministério na comunidade eclesial missionária. Sem essa especificação se torna, apenas, um distribuidor da Eucaristia nas missas onde for escalado.

Um leigo bem formado é uma energia, uma luz positiva na comunidade. A formação, como educação permanente da fé, é um direito dos leigos e um dever da Igreja, para que eles possam assumir plenamente a responsabilidade de sujeitos eclesiais, "chamados para crescer, amadurecer continuamente, e, dar cada vez mais fruto, tal como a imagem evangélica da videira e dos ramos" (Exortação Apostólica *Christifideles Laici*, 57).

Nosso livro trouxe à baila a necessidade de se formar ministros que sejam agentes qualificados de pastoral. Não estamos preocupados, apenas em ensinar o nome dos materiais litúrgicos, mas em ter um cuidado com sua pessoa, com sua relação com o mundo, com sua espiritualidade, sua família e a inserção no mundo do trabalho, negócio e no processo de evangelização etc.

Precisamos de homens e de mulheres que evangelizem com o testemunho de vida e com a missão; pessoas inseridas e preparadas para a tarefa que lhes cabe como missão oriunda da fonte eucarística.

O ministro é e deve ser um sinal de Deus na comunidade e nas suas relações de amizade e em seu círculo de intercâmbio; ele tem os seus problemas para serem resolvidos e necessita da interação com os demais membros do ministério. O ministro é um articulador da vida comunitária e formador da comunidade eclesial missionária.

Tenho esperança que este livro possa auxiliar o crescimento desses homens e mulheres de Deus a desempenharem um bom trabalho em função do Reino, pois a comunidade necessita das melhores energias pastorais para fazer e colaborar com o Reino de Deus.

Deus abençoe a todos envolvidos nessa missão.

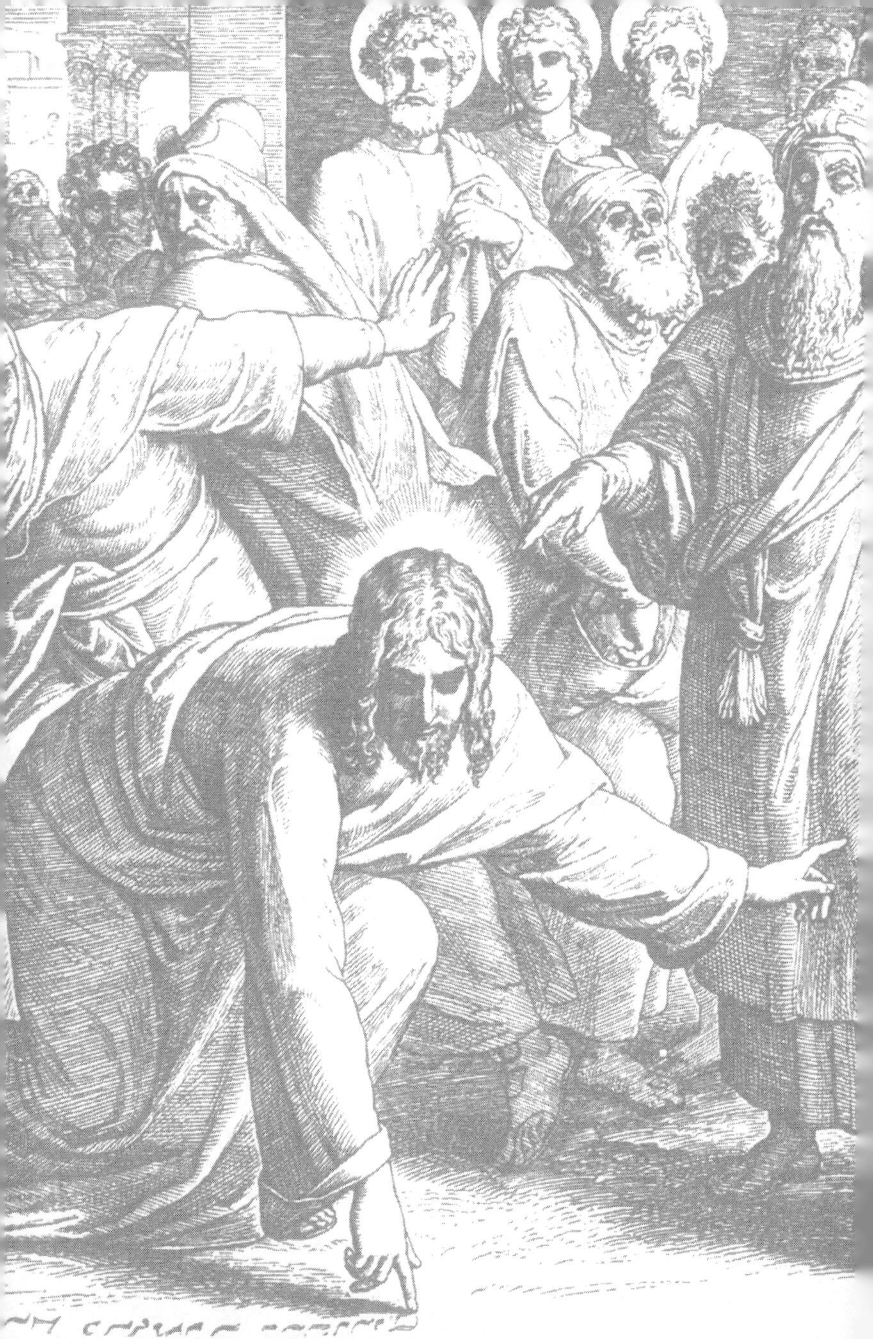

Apêndice
ORAÇÕES E FÓRMULA DE BÊNÇÃO

ORAÇÃO A SÃO TARCÍSIO

"Glorioso São Tarcísio, mártir da Eucaristia, puro e humilde de coração, rogo pela pureza de minha pobre alma e de meu corpo. Por vossa angélica pureza, mártir de Cristo, rogo-vos que intercedais por mim ante o Cordeiro Imaculado: Jesus Cristo, e ante a sua Mãe Santíssima, a Virgem das Virgens, e que me preserveis de todo o pecado mortal.

Glorioso São Tarcísio, não permitais que eu seja manchado com alguma mancha de impureza, mas quando me virdes em tentação ou perigo de pecar, afastai do meu coração todos os pensamentos e afetos imundos e, despertando em mim a lembrança da eternidade e de Jesus Cristo Crucificado, imprimi profundamente em meu coração o santo sentimento do temor de Deus. Inflamai-me no amor divino, para que, imitando-vos aqui na terra, mereça gozar de Deus convosco no céu. Amém".

ORAÇÃO DO MINISTRO EXTRAORDINÁRIO DA COMUNHÃO I

Senhor Jesus, vós me destes a graça de ser ministro e servo de vosso Corpo abençoado. Quantas vezes levo o calor de vossa visita aos doentes de minha comunidade e distribuo vosso Corpo aos homens e mulheres famintos na hora da celebração da Missa!

Tenho muita alegria em ser vosso servidor e poder encontrar pessoas simples e pobres, doentes e idosos, esperando a visita reconfortadora do vosso amor.

Que eu seja digno servidor, que eu possa ter sempre na minha vida esta atitude de serviço e de dom que transpareceu tão belamente em vossa trajetória humana.

Hoje, ainda, na glória, no mistério do sinal do pão, vós vos entregais aos homens e vos serves de minhas mãos e de minha vida para fazer-vos oferendas.

Fazei, Senhor, que as palavras de meus lábios correspondam à minha vida, que eu seja puro de coração e de intenção, que eu desapareça totalmente no meu ministério. Que eu seja irmão daqueles homens e daquelas mulheres que recebem vosso Corpo.

Que eles estejam presentes em minhas orações de todos os momentos. Que eu vos sirva, Senhor Jesus, com toda humildade. Assim seja.

ORAÇÃO DO MINISTRO EXTRAORDINÁRIO DA COMUNHÃO II

Senhor: a Igreja me confiou o Ministério Extraordinário da Sagrada Comunhão. Constituiu-me servidor da comunidade, em Assembleia Litúrgica, que compartilha a mesa fraternal da Comunhão, na consolação dos enfermos, anciãos e impedidos para que se fortaleçam com o Pão da Vida.

Eu sei, Senhor, que é, em primeiro lugar, um serviço. Porém, intimamente, o descubro como uma honra: por meu intermédio, e através de minhas mãos, faço possível a comum-união de meus irmãos contigo, no Sacramento do teu Corpo e do teu Sangue.

Por isso, Senhor, consagro-te meus lábios que te anunciam, minhas mãos que te entregam; consagro-te meu ser, meu corpo e meu coração para ser tua testemunha leal. Não quero, Senhor, que minha vida seja um obstáculo entre meus irmãos e teu mistério.

Quero ser uma ponte, quero ser como duas mãos estendidas. Peço tua ajuda, de modo que eu seja um cristão de verdade, um cristão ansioso de tua Palavra, uma pessoa de oração e de reflexão, um contemplativo de teus mistérios; um celebrante feliz de teus Sacramentos e um servidor humilde de todos os meus irmãos.

Que quando eu disser: "O Corpo de Cristo", eu desapareça e veja teu rosto. Amém.

ORAÇÃO DE AÇÃO DE GRAÇAS DO MINISTRO

Ó Senhor, eu vos agradeço / pela graça que me destes / de ser ministro Extraordinário da Comunhão e da Esperança. / Poderei assim distribuir a Eucaristia para alimentar meus irmãos / e acompanhar os velórios para consolar as famílias enlutadas.

Como é grande o vosso amor: Tornastes-me vosso filho pelo Batismo / e testemunha de Jesus Cristo pela Crisma. Sou alimentado pelo Corpo e Sangue de vosso Filho / e agora posso, em nome da Igreja, quando necessário, / levá-lo aos meus irmãos na fé.

Com grande humildade eu vos peço: dai-me os dons do vosso Espírito Santo / para que, no desempenho de minhas funções, / eu seja um instrutor dócil em vossas mãos. Fazei, Senhor, que, em unidade com o pároco, / eu me coloque, de corpo e alma, / a serviço de minha comunidade.

Que este ministério não seja para mim um motivo de orgulho, / mas que me leve a vos amar mais, e assim, a exemplo de Maria, Mãe da divina Graça, eu vos bendiga sempre: "A minha alma engrandece o Senhor, e se alegrou o meu Espírito em Deus, meu Salvador" (Lc 1,46-47). Assim seja!

A BÊNÇÃO DOS LARES

Ministro: Em nome do Pai, e do Filho, e do Espírito Santo.
Todos: Amém!

Ministro: A graça de nosso Senhor Jesus Cristo esteja com todos nós.

Todos: Bendito seja Deus que nos reuniu no amor de Cristo!

Ministro: Invocamos nesta celebração a bênção do Senhor, para que os membros deste lar sejam sempre colaboradores da graça e mensageiros da fé nas diversas ocasiões da vida.

Leitura do Evangelho: Mt 7,24-27
(Refletir o Evangelho)

Pai-nosso...

ORAÇÃO DA BÊNÇÃO

Ministro: Ó Deus e Senhor nosso, nós vos adoramos porque sois a fonte da vida, a fonte do amor e da felicidade. Nós vos agradecemos por todos os dons naturais concedidos a cada um em particular, pela família que é vossa presença amorosa e eficiente.

Dai-nos ó Pai celeste, a graça de que nesta casa se irradie mais amor e compreensão. Fazei que, a exemplo da família de Nazaré, esta família sinta a alegria de vosso amor e seja luz neste mundo aflito e confuso.

Isto vos pedimos em nome de vosso amado Filho e em união com o Espírito Santo.

Todos: Amém

(Se houver, pode-se aspergir
com água benta).

Ministro: Louvado seja Nosso Senhor Jesus Cristo!
Todos: Para sempre seja louvado!
Ministro: Em nome do Pai, e do Filho, e do Espírito Santo.
Todos: Amém!

Edições Loyola

editoração impressão acabamento

Rua 1822 nº 341 – Ipiranga
04216-000 São Paulo, SP
T 55 11 3385 8500/8501, 2063 4275
www.loyola.com.br